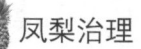
管理4.0：
中西融汇的管理新思潮

吴　斌◎著

U0781051

立信会计出版社
LIXIN ACCOUNTING PUBLISHING HOUSE

图书在版编目(CIP)数据

管理 4.0：中西融汇的管理新思潮 / 吴斌著. —上海：立信会计出版社，2018.7

（伍德经济管理丛书）

ISBN 978 - 7 - 5429 - 5871 - 6

Ⅰ. ①管…　Ⅱ. ①吴…　Ⅲ. ①管理学　Ⅳ. ①C93

中国版本图书馆 CIP 数据核字(2018)第 149140 号

策划编辑　　何颖颖
责任编辑　　何颖颖
封面设计　　南房间

管理 4.0：中西融汇的管理新思潮

出版发行	立信会计出版社			
地　　址	上海市中山西路 2230 号	邮政编码	200235
电　　话	(021)64411389	传　真	(021)64411325
网　　址	www.lixinaph.com	电子邮箱	lxaph@sh163.net
网上书店	www.shlx.net	电　话	(021)64411071
经　　销	各地新华书店			

印　　刷	上海肖华印务有限公司		
开　　本	890 毫米×1240 毫米	1/32
印　　张	7.25		
字　　数	180 千字		
版　　次	2018 年 7 月第 1 版		
印　　次	2018 年 7 月第 1 次		
印　　数	1—2600		
书　　号	ISBN 978 - 7 - 5429 - 5871 - 6/C		
定　　价	29.00 元		

如有印订差错，请与本社联系调换

子曰：此道之美也，莫之御也。

——《齐论语·知道》

谨以此书纪念万有引力定律提出 331 周年

前　　言

我们都知道，牛顿在苹果树下发现了万有引力定律。可以想象，牛顿是在刚享用过一顿美餐后坐到苹果树底下的，但他仍觉意犹未尽，此时，一个苹果恰巧在他的眼皮底下坠落。如果此时坠落的是一滩鸟屎，可能历史会发生微妙的改变，但是飞过牛顿头顶的鸟儿恰巧腹中空，而熟透的苹果已经按耐不住，于是这只苹果成为了他的"餐后水果"，我们也就有了万有引力定律。

另一个历史场景可能会让我们更具亲切感，一个锦衣玉食的"吃货"在用膳后正盘腿坐在卧榻上，津津有味地嚼着枣子，他非常欣赏孟子的金句"食色性也"，进而爱屋及乌地喜欢上了读圣贤之书，尤其是《齐论语》更让他手不释卷，在他毫无征兆地离开人世之后，仆从将这部传世之作也一并埋入了地宫。后来《齐论语》在世间失传，直到深埋地底的这部竹简书重见天日，中华儿女才有幸领略到了 1800 年间无数饱学之士梦寐以求的《知道》篇和《问王》篇的魅力，我们最应该感谢的人就是前文提到的那位"吃货"——西汉海昏侯刘贺。

　　偶然性中蕴含着必然性，如果牛顿不是从坠落的苹果中发现万有引力定律，他也会从坠落的桃子或者其他自然现象中发现这一定律的；假如海昏侯刘贺不是喜欢边嚼枣子边读圣贤之书，且最终和包括《齐论语》在内的一批竹简书长眠于地宫中，并且这批稀世珍宝于近2000年后因考古学家所发掘而重现人间，《齐论语》也会在另外一个时间点以另外一种方式呈现在我们面前。当然历史是不容假设的，人类发展历程中的每一个印记都是不可磨灭和更改的，在漫长的中世纪，富庶文明的东方国度一直为西方人所向往，然而，不知道从具体哪一年开始，东方开始从属于西方了，英国格林威治天文台的地址在地球经线上恰好是0度，换句话说，这里就是世界的中心，世界上绝大多数国家都普遍接受了这一点。彼时的大英帝国打个喷嚏，全世界都会跟着感冒，这样的比喻对于开启工业革命先河的英国而言是恰如其分的，当时大英帝国的无上荣光和一个时代巨人密不可分，这个巨人就是牛顿，如果认为牛顿对于世界的贡献仅仅在自然科学领域，那显然是以偏概全了，牛顿所构建的经典力学体系被管理学家们移植到了组织管理领域，并影响了管理1.0和管理2.0两个时代，此外，牛顿晚年曾担任过英国皇家铸币厂的厂长一职，在任职期间，他提出了金本位制度，这一制度有力地保障了英镑的世界最坚挺货币的地位，大英帝国的军队也在强大财力的支持下开赴世界各地摧城拔寨，"日不落帝国"的版图逐步得以完善。

物极必反，盛极而衰。历史的车轮滚滚前行，咬牙挺过两次世界大战的大英帝国已显得力不从心，不得已将世界霸主的宝座拱手让人，同样地，牛顿的经典力学体系也被一批天才式的物理学家所拓展，他们在引力的基础上，开创性地发现了电磁力、强核力和弱核力，并逐步认识到宇宙暗物质还隐藏着神秘的第五种力，于北京时间 2017 年 11 月 30 日凌晨在线发表在国际权威学术期刊《自然》的一篇论文，公布了中国科学院暗物质粒子探测卫星"悟空"最新探测成果："悟空"探测到的 1.4 万亿电子伏左右的粒子，有可能就是人们长期以来寻找的暗物质！人类已经发现的物质只占宇宙总物质量不足 5%，其余由暗物质和暗能量构成，而暗物质与第五种力是休戚相关的，"悟空"这一重大发现为揭开第五种力的神秘面纱提供了无限可能。

儒家经典《尚书》提出"五行"的概念，世间万物不外乎木、火、土、金、水五种属性，放眼看我们在太阳系中的近邻——火星，其现状印证了五行所反映的正是世界的本原面貌。作为五行思想发源地的中华大地，自近代以来经受着西方文化前所未有的强大冲击，五行思想这一伟大的人类智慧结晶只得节节退守，现如今只以碎片化的形式存在于一些中华传统文化习俗中，如被联合国教科文组织列入人类非物质文化遗产代表作名录的二十四节气就是典型的五行思想的载体，中国人在日常生活中也习惯运用五行思维去分析和处理各种纷杂的事务，以达到趋利避害之效。

由于我的研究方向之一是跨文化管理，每当我遇到在一种文化语境中无法突破的难题时，就习惯于用比较分析法来研判，这种方法通常会收到意想不到的效果。有一天晚饭后，我给自己沏了一杯茶，是我生长的浙西南所特有的一种凉草茶，这时我发现桌上有一瓶雪碧，于是我突发奇想，如果将雪碧混进热茶里味道会不会很妙？当即我就这么干了，茶水和雪碧瞬间融合在一起，我端起来喝了一口，既有茶的醇香，又有雪碧的劲爽，这恐怕是最简便直观的中西合璧了。当晚我思如泉涌，五行思想和五力理论之间的辩证关系也随之跃然纸上，木、火、土、金、水分别对应万有引力、弱核力、电磁力、强核力、第五种力，并共同指向管理4.0的人本、理性、智能和分享四大要素，管理4.0理论体系也是在这个框架基础上构建而成的，而管理4.0概念则是本人在2016年1月出版的西游文化与管理专著《桃子管理》中首创的。

《易经·乾卦》有云：现龙在田，利见大人。这一爻在"潜龙勿用"爻之后，意味着君子可以将自己的才德惠及众人了。之前我始终不得这一爻的精要，直到去年的一天，我到江边看龙舟比赛，江面上用于设置水面赛道的金黄色浮标星星点点，恰似处于雨季的南方稻田的场景，参赛的龙舟从赛道中穿梭而过，我顿生醍醐灌顶之感，这就是"现龙在田，利见大人"！此情此景让我联想到中华传统文化的复兴之路，她已经潜藏了几个世纪，是厚积薄发之时了，愿此书能为之尽一份绵薄之力！

本书即将付梓之际，我胸中百感交集，藉此对本书编辑出版过程中给予我指导帮助的立信会计出版社领导和本书的责编何颖颖老师致以诚挚的敬意！对一直以来关心支持我的师长、家人、读者、同事和朋友表示由衷的感谢！

2018年是毛泽东同志批示学习推广"枫桥经验"55周年暨习近平总书记指示坚持发展"枫桥经验"15周年，"枫桥经验"是发源于浙江这片神奇土地的社会治理领域的"法宝"。社会治理和经济管理犹如车之双轮，鸟之双翼，在改革开放40周年之际，中国民营经济的发祥地之一——浙江将以怎样的方式呈现一份经得起历史检验的新答卷呢？这也是我在写这部作品过程中经常思考的问题。作为一名土生土长的浙江人，我对这片土地充满热爱，也深为她日新月异的发展面貌而感到欣喜，仅以一首《南湖游》抒发内心情感：春风又度南湖岛，天若有情天亦老。凭栏极目烟波渺，遥望千帆竞傲骄！

戊戌年夏至

处州南明山千里亭

目　录

前言

第一章　管理 4.0 ……………………………………… 1

一、管理 4.0 概念 ……………………………………… 2

二、管理 4.0 模型 ……………………………………… 6

三、管理 4.0 与大沟通 ………………………………… 15

第二章　中华管理 ……………………………………… 21

一、管理 1.0—4.0 与中华管理 ………………………… 23

二、中华管理的四位一体管理观 ……………………… 31

三、中华管理文化的源流 ……………………………… 43

第三章　人本化管理:管理 4.0 的外延 ……………… 54

一、人本:人本管理理念的外显化特征 ……………… 54

二、万有引力:需求层次论与人本管理 ……………… 59

三、组织文化与管理 …………………………………… 68

第四章　敬天礼人：儒家管理范式 ················· 75

　　一、儒家：天人观 ··························· 75

　　二、木：天人观管理的规范功能 ··········· 82

　　三、儒家事功学说与民营经济发展 ········ 88

第五章　理性化管理：管理4.0的内核 ············· 93

　　一、理性：理性主义管理的源流 ··········· 93

　　二、第五种力：理性化管理的驱动作用 ····· 98

　　三、决策理性与组织管理 ················· 104

第六章　顺势善为：道家管理艺术 ·············· 111

　　一、道家：势为观 ························· 111

　　二、水：势为观管理的理性内涵 ··········· 116

　　三、道家的无为而治与挫锐解纷 ··········· 121

第七章　智能化管理：管理4.0的工具 ··········· 125

　　一、智能：组织智能化管理的工具性 ······· 125

　　二、电磁力："高斯定律"与智能化管理 ···· 133

　　三、智能管理理念与组织管理 ············· 136

第八章　融道利器：墨家管理技术 ·············· 143

　　一、墨家：道器观 ························· 143

　　二、土：道器观管理的技术特性 ··········· 149

　　三、墨家思想与创新管理 ················· 153

第九章 分享化管理:管理 4.0 的路径 ·············· 156

一、经营:组织分享化管理的路径分析 ·············· 156

二、强核力与弱核力:双赢共生理念与可持续发展 159

三、分享管理理念与组织管理 ·············· 163

第十章 尚简:法家管理法则 ·············· 167

一、法家:尚简观 ·············· 167

二、金:尚简观管理法则 ·············· 171

三、"垂法而治"与法人治理结构 ·············· 174

第十一章 求精:兵家管理策略 ·············· 180

一、兵家:求精观 ·············· 180

二、火:求精观管理策略 ·············· 183

三、兵家五行思想与战略管理 ·············· 188

第十二章 从经验管理到理性管理的嬗变 ·············· 198

一、"苹果"与"桃子"——从经验主义到理性主义 ·············· 198

二、管理 4.0:组织理性管理时代 ·············· 202

三、中华管理学与中华经济学的复兴 ·············· 206

后记 ·············· 215

第一章

管 理 4.0

　　一部管理思想史就是一部人类经济社会变迁史。世界进入近代以来,管理理论呈厚积薄发之势涌现,法式工业管理与一般管理,英式经典力学体系管理,德式层级制管理,美式科学管理,日式精益管理……这些管理理念和模式都或多或少地影响着人类经济社会的发展进程。

　　然而,从二十世纪中后叶以来,随着华商和华企的日益崛起,一种具备深厚的中华传统文化底蕴的,同时又与世界经济管理大环境深度融合的全新的管理模式呼之欲出,根据其主要发源地的文化特征,我们称之为中华管理,中华管理是工业 4.0 时代的产物,是与工业 4.0 时代的生产经营方式高度吻合的,中华管理与我们在下文将提到的管理 4.0 之间有着异曲同工之妙,中华管理所蕴含的儒、道、墨、法、兵五大家的管理思想精粹与管理 4.0 的人本化管理、理性化管理、智能化管理、分享化管理四大构成要件之间有着千丝万缕的联系。

　　任何一种新生事物的发展过程都是在曲折向前的,一种新的管理模式从诞生到被认同再到风靡于世或许需要几十年甚至上百年的时间,然而,我们有理由相信在工业 4.0 时代,这一进程会大为提速,希望此书能为此尽一份绵薄之力。

一、管理 4.0 概念

引经据典

《三国演义》第一百零二回

　　剑关险峻驱流马,斜谷崎岖驾木牛。后世若能行此法,输将安得使人愁?

　　忽一日,长史杨仪入告曰:"即今粮米皆在剑阁,人夫牛马,搬运不便,如之奈何?"孔明笑曰:"吾已运谋多时也。前者所积木料,并西川收买下的大木,教人制造木牛流马,搬运粮米,甚是便利。牛马皆不水食,可以昼夜转运不绝也。"众皆惊曰:"自古及今,未闻有木牛流马之事。不知丞相有何妙法,造此奇物?"孔明曰:"吾已令人依法制造,尚未完备。吾今先将造木牛流马之法,尺寸方圆,长短阔狭,开写明白,汝等视之。"众大喜。孔明即手书一纸,付众观看,众将环绕而视。造木牛之法云:"方腹曲头,一脚四足;头入领中,舌着于腹。载多而行少;独行者数十里,群行者二十里。曲者为牛头,双者为牛脚,横者为牛领,转者为牛足,覆者为牛背,方者为牛腹,垂者为牛舌,曲者为牛肋,刻者为牛齿,立者为牛角,细者为牛鞅,摄者为牛鞦轴。牛仰双辕,人行六尺,牛行四步。每牛载十人所食一月之粮，人不大劳，牛不饮食。"

倘若真有如此神奇的运输工具，在当今也可算是巧思绝作，尽管融合了作者天马行空的想象，但是这种超凡的创意也足以彰显古人的智慧，我们常说"古为今用，洋为中用"，在工业 4.0 时代，我们应当博采众长、兼收并蓄，不仅要充分引进吸收利用西方的高、精、尖科技成果，更应当从中华传统文化的深厚土壤中提炼出适合国情民情的管理理论。

理论探微

管理模式的变迁是与工业化进程紧密相连的，瓦特发明改良版的蒸汽机的大规模应用标志着人类进入了工业 1.0 时代，在欧洲大陆的英、法、德诸强陆续完成工业革命之后，大洋彼岸的美国直到 1865 年南北战争之后才进入了工业革命的快速发展期，但这个后来居上的国家却实现了大逆转，根本原因在于泰勒的科学管理革命，他将管理学发展成了一门真正的科学，人类社会也因此步入管理 1.0 时代；电气时代是人类的创新活动发展到一个新的高峰的阶段，一大批天才科学家的科研成果推动着社会生产力的极大进步，工业 2.0 时代接踵而至，事实上直到 21 世纪的今天，根据国际能源署的统计，世界上还有大约 20% 的人口用不上电，与工业 2.0 对应的是管理 2.0，所谓管理 2.0 指的是组织化的管理模式，资本主义的社会化生产促进了这种管理模式的普及，一些超大型组织也随之逐步发展起来；工业 3.0 是电子信息化时代的别称，即广泛应用电子与信息技术，使制造过程自动化控制程度得到了大幅度提高，并从 20 世纪 70 年代开始并一直延续至现在，与工业

3.0相对应的是管理3.0，即以精细化管理为特征的管理模式，包括目标管理、全面质量PDCA管理、精益管理、绩效管理等，这些管理工具至今仍被广泛应用于工业管理及一般管理中；工业4.0时代是实体物理世界与虚拟网络世界融合的时代，产品全生命周期、全制造流程数字化以及基于信息通信技术的模块集成，将形成一种高度灵活、个性化、数字化的产品与服务新生产模式，其重要标志是3D打印技术、大数据以及智能机器人的普及，与工业4.0对应的管理模式称之为管理4.0。

综上所述，我们可以得出结论，**管理4.0指的是适应工业4.0发展要求的，以人本化管理、智能化管理为基本工具的，以组织及其成员的内在理性的普遍建构为重要特征的，以促进组织及其成员在较大程度上实现自由全面可持续发展为根本目的的一种管理模式。**我们可以用表格的形式来呈现工业化进程与管理学发展关系。[1]

表1.1　工业化进程与管理学发展关系

工业化进程	典型技术	管理学发展	代表工具
工业1.0	蒸汽机	管理1.0	科学化管理
工业2.0	电动机	管理2.0	组织化管理
工业3.0	计算机	管理3.0	精细化管理
工业4.0	大数据　3D打印	管理4.0	人本化管理 智能化管理

实战演练

当代"木牛流马"是怎样炼成的

特斯拉Model 3可以说是引爆了电动汽车市场的热情。短短三天,售价3.5万美元的特斯拉Model 3接到的订单已经达到27.6万辆,要知道,特斯拉从成立到今天销售的汽车数量也才10.7万台。特斯拉的股票自2月底以来,特斯拉的股票已经飙升了60%,在A股市场上,充电桩概念、电动车概念也大涨,领跑各版块。特斯拉的背后有一个大神级别的人物——埃隆·马斯克(Elon Musk),他是特斯拉的老板兼CEO、火箭计划SpaceX的创始人以及民用太阳能公司ColarCity的老板。

被外界称为现实版的"钢铁侠",而有这样的外号就是因为马斯克有着超越其他人的判断力和执行力,更重要的一点就是他有着对人类未来科技的梦想。

特斯拉的这个号称全球最智能的全自动化生产车间里,从原材料加工到成品的组装,全部生产过程除了少量零部件外,几乎所有生产工作都自给自足……冲压生产线、车身中心、烤漆中心与组装中心,这四大制造环节中总共有超过150台机器人参与工作。当然,在车间中你很少能见到人的影子,在车间里全部是机器人,每一个机器人可以完成多种动作,比如,发动机的精细加工,一个机器人就能独立搬运车架,进行整个过程流水线运营,机器人与机器人之间无缝对接,全程都是由电脑控制的机器人。让人不禁幻想着未来的生活。

如果你认为马斯克的梦想只是成为世界"电动轿跑"之王,那么你显然低估了"钢铁侠"的雄心壮志。2018年,他又完成了一件壮举,美国东部时间2月6日15时45分(北京时间2月7日凌晨4时45分),SpaceX公司的"重型猎鹰"火箭发射成功,该火箭是当今吨位最大的运载火箭,近地轨道载荷能力为63.8吨,由

SpaceX 公司研制，备受瞩目的是，这枚火箭将马斯克名下的一辆红色特斯拉 Roadster 跑车送上了太空，按照马斯克的设想，这辆跑车将飞往火星轨道，最远时距离地球约 4 亿公里，相对于地球的速度将近 11 公里／秒。或许在不久的将来，人类真的能够实现驾驶着汽车驰骋在外星球的梦想。

二、管理 4.0 模型

引经据典

桃 花 源 记

　　晋太元中，武陵人捕鱼为业。缘溪行，忘路之远近。忽逢桃花林，夹岸数百步，中午杂树，芳草鲜美，落英缤纷，渔人甚异之。复前行，欲穷其林。

　　林尽水源，便得一山，山有小口，仿佛若有光。便舍船，从口入。初极狭，才通人。复行数十步，豁然开朗。土地平旷，屋舍俨然，有良田美池桑竹之属。阡陌交通，鸡犬相闻。其中往来种作，男女衣着。悉如外人。黄发垂髫，并怡然自乐。

　　见渔人，乃大惊，问所从来。具答之。便要还家，设酒杀鸡作食。村中闻有此人，咸来问讯。自云先世避秦时乱，率妻子邑人来此绝境，不复出焉，遂与外人间隔。问今是何世，乃不知有汉，无论魏晋。此人一一为具言所闻，皆叹惋。余人各复延至其家，皆出酒食。停数日，辞去。此中人语云："不足为外人道也。"

在文中,作者试图向读者呈现一个近乎完美的微型社会组织,这个组织具有深厚的理性积淀,符合理性化管理的特征;同时,处于组织中的个体均感到怡然自乐,是一个人本化管理的组织;虽然文中没有直接点明,但是我们可以从"阡陌交通"等词汇中感受到这是一个高度智能化的组织;而且这个组织中的人们非常乐于分享,在井然有序的氛围中与人相处,契合分享化管理的精神。可以说,陶渊明具有较强的超前意识,他所描绘的"桃花源"与未来高度成熟的社区之间颇有共通之处。

理论探微

古希腊哲学家亚里士多德认为宇宙中的所有物质由四种基本元素,即土、气、火和水组成。由两种力作用在这些元素上:引力,这是指土和水往下沉的趋势;浮力,这是指气和火往上升的倾向。将宇宙的内容分割成物质和力的这种做法一直沿袭至今,现代物理学对力进行了深入严谨的分类研究。第一种力是万有引力,这种力是万有的,也就是说,每一个粒子都因它的质量或能量而感受到引力;第二种力是电磁力,它作用于带电荷的粒子(如电子和夸克)之间,但不和不带电荷的粒子(例如引力子)相互作用,它比引力强得多;第三种力称为弱核力,它负责放射性现象,并只作用于自旋为二分之一的所有物质粒子;第四种力是强核力,它将质子和中子中的夸克束缚在一起,并将原子核中的质子和中子束缚在一起。[2]第五种力显得神秘而高冷,爱因斯坦的广义相对论高瞻远瞩地预测了它的存在,后继的物理学家们也从未

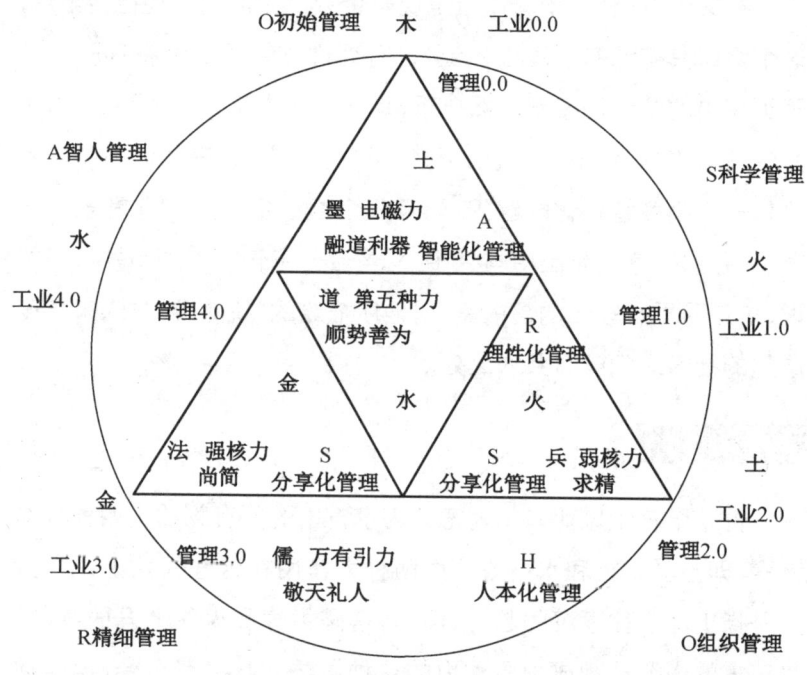

图1.1　管理4.0模型

放弃过对它的探究,相信其神秘的面纱终有被揭开的一天。"五力"理论在推动人类文明进程中功不可没,在管理学领域中同样发挥着举足轻重的作用,管理4.0模型是基于组织管理架构而构建的,这就相当于将一个组织看作一个小宇宙,管理4.0包含的人本化管理、理性化管理、智能化管理和分享化管理四大要件分别与万有引力、第五种力、电磁力、弱核力、强核力之间有着千丝万缕的联系,故而"五力"理论与下一章提到的"五行"思想共同构成了管理4.0的基石。

《道德经》有云：道生一，一生二，二生三，三生万物。三这个数字对于中国人而言具有不言而喻的重大意义，八卦有三爻，道家有三清，佛家有三世佛，在我国的《周髀算经》中，已经有关于三角形的"勾三股四弦五"的研究，史称"勾股定理"，而在古希腊，则被称为"毕达哥拉斯"定理，两者共同指向了三角形的稳定性。

延伸到组织治理领域，我国封建社会的稳定正是由儒、道、墨、法、兵五家的哲学思想聚合而成的稳固治理思想体系而保障的，儒家欲建设以伦理为基石的治理模式，以各人分内的互让及协作，求相对的自由平等的调和，认为良好的治理须建设于良好的民众基础之上，而民众之本质，要从物质和精神两方面不断地培育，故称之为"礼治主义"；道家信自然力万能且至善，故而其治理思想，建设于理性之上，反对妄加干涉，"治大国若烹小鲜"就是这一思想的集中体现，故称之为"道治主义"；墨家是一种草根性较强的哲学思想，其创始人墨翟本身就是一名技艺高超的工匠，因此其治理思想高度重视"器"的磨砺，在先秦时期，素有"非儒即墨"的说法，可见其影响之深远，在汉武帝采纳董仲舒的"罢黜百家，独尊儒术"的建议之后，墨家思想在中国官方治理思想中逐渐式微，但在民间却依然有着广泛的影响力，一言以蔽之，其精髓与当今所提倡的"工匠精神"有着异曲同工之妙，这种治理思想可称之为"器治主义"；法家的治理思想主张严格的干预，但这种干预必须以客观的"物准"为工具，而不容治理者以己为高下，人民唯有在法律容许之范围内，方有自由与平等，故称之为"法治主义"；兵家的治理思想讲究立竿见影的成效，重视策略在竞争性管理中的运用，在处理纷繁复杂的事物中常有出奇制胜之效,可称之为"策治主义"。

老子在《道德经》中有句名言:治大国若烹小鲜。事实上,国家的治理也是组织治理模式之一,相应的组织治理原则同样可以适用。古希腊哲学家亚里士多德在《政治学》中对当时的迷你型国家——城邦的治理模式,即政体给予了明确的定义:"政体可以说是一个城邦的职能组织,由以确立最高统治机构和政权的安排,也是订立城邦及其全体各分子所企求的目的"。所谓"城邦的职能组织",亚里士多德指的是议事、行政和审判三种机构。他认为,这三个要素是一切政体构成的基础。亚里士多德强调指出,议事机构拥有最高权力,即制定法律、选任和审查执政人员、审查战争、结盟等大事,都由议事机构作最后裁决;行政机构拥有诸如管理财赋或统率军队此类的职权。它由有一定任期的执政人员组成;审判机构指由公民陪审员组成的公听曲直的法庭。它审理违宪、民事和刑事等八类案件。可见,亚里士多德的政体三要素说,不失为后世政体构建思想的渊源。

中国传统治理思想中的理性主义因素和道家哲学之间有着密不可分的关联,与之相对应,西方管理思想政治中的理性主义则源自古希腊斯多葛派,斯多葛派是希腊化时期产生的重要政治哲学流派,这一流派提出了一整套全新的政治价值观,从而转变了西方政治学的发展方向,斯多葛派的核心思想是自然法思想,在他们看来,"理性"是宇宙秩序的创造者、主宰者,渗透和弥漫于宇宙万物之中,将万物都置于其不可抗拒的力量之下,宇宙是一个绝对的统一,而人是这个绝对统一整体中不可分离的组成部分,是一个小宇宙,人的理性是宇宙普遍理性的一部分,他的本性也是宇宙本性在人身上的分有或体现。因此，人也必然受那种弥漫于宇宙之中的普遍法则的支配，构成自然秩序中和谐的一部分。这个支配宇宙和人的"理性"就是自然法，它贯穿于一切事物之中，是人的行为的最高准则。自然法与人的本性是一致的，服从自然法就是服从自己的内心。斯多葛派奠定了在西方思想史上独具特色延绵不绝的自然法传统，并成为治理理论进步的有力杠杆。

实战演练

伊甸园与人类的堕落
作者：老扬·布吕赫尔（1568 年至 1625 年）—来源：搜狐网艺术频道

当代"桃花源"——英国生态伊甸园

英国康沃尔郡的"伊甸园工程"是一项规模巨大的环境工程，

那里汇集了几乎全球所有的植物。英国伊甸园开业一年内就吸引了游客超过两百万，至今游客量过千万，为当地旅游创造了超过13亿英镑的经济效益，被英国人票选为最喜欢的建筑，是除伦敦外的英国第二大旅游目的地，也是英国最受欢迎的三大旅游景点之一。

有什么特别的原因，让这些人对伊甸园趋之若鹜呢？"伊甸园"的穹顶由轻型材料制成。其中"潮湿热带馆"的馆身甚至比馆内空气的总重量还轻。穹顶架由钢管构成，拼成9米大小的六角形天窗，天窗中间铺设半透明的四氟乙烯薄膜材料。泡型的最大好处就是能精彩而完整地坐落在任何一种地势和地形上，而且泡型的圆球三度空间的应力传导，可以让跨度更恣意地伸展。伊甸园除了地形弯弯曲曲，地势更是高高低低。最初设计时，单跨的钢架尺度势必随着地势起伏而变化。建筑组件的尺度和形状不一，将会提高建筑成本。建筑师格雷姆肖决定将对应不规则钢架改为最规则的"网线圆球顶"。建筑师将几个不同大小的圆球架贴挤成串，让室内空间可以有更多的长向发展。从长向剖面看来，这个跨度竟然长达240米。经由建筑师感性的重新拼接处理后，十足理性的圆球架建筑竟展现出奇特的风貌。

另一位重要功臣，也是本案最不可思议的地方，就是让建筑有泡泡质地的新材料四氟乙烯薄膜。这是一种薄膜式的充气构造，薄膜因为表面光滑、落尘脏物不易附着，因此可以保温隔热。由于气膜是三层分离的构造，可抵抗炎热或严寒，可抗紫外线，这种半透明胶膜的使用年限可达40年！伊甸园的神奇之处还在于,它是利用废弃的资源变废为宝的先锋。伊甸园的原址被当地人称作"废弃的陶土坑"。工程的发起人蒂姆·斯密特选址在这里,旨在在这块人类制造的生命绝地上,创造人类明天的伊甸园。他要让其成为欧洲最具有生产力的园林,赋予这个花园能够自给自足的供养能力;让这个已无生命特征的地方,起死回生,恢复工作。蒂姆·斯密特认为公众已经厌倦了典型的花园参观,他们更对具有生产力的东西怀有兴趣,他们总是热爱趣闻,喜欢丰富的感觉。而伊甸园就是要打造那么一个地方,像遗失的文明,失落的文明的火山口,就如同阿瑟·柯南·道尔的小说《失落的世界》。

当蒂姆·斯密特最初想在英格兰西南部一个废弃的土坑中建造一个容纳世界各地10万种植物的主题公园,吸引基于科学研究的游览者时,很少有人会想到这个伊甸园计划会成为今天的地标。尽管建造世界上最大的温室面临技术挑战——两个巨大的透明圆顶——主要建筑直到2001年3月才完成。

事实证明,克服重重困难,蒂姆·斯密特做到了并取得了巨大成功。因为不论从伊甸园本身的建筑设计、建筑材料还是作为环境教育基地的意义,伊甸园项目在绿色建筑和生态保护领域都占有不可替代的地位。伊甸园从构思到建造足足花了10年时间,耗资1.3亿英镑。起初专家们预测每年不会超过70万的参观人次,然而第一年的数字就超出了两倍多。目前已有超过1 000万人参观过该建筑,平均每年超过100万人,并且为当地经济带来了8.5亿英镑的收入。对于斯密特来说,最重要的是,伊甸园为可持续发展及环境事务的世界性争论作出重要贡献。在斯密特眼中，有灵感的领导和对质量的绝对保障，无疑是成功的核心要素。[3]

可以说，伊甸园项目是一个展示，是一个活生生的示范。它告诉我们人类有多大的潜力和能力来照顾我们的星球。世界范围内，何止一个"废弃的陶土坑"！或因自然灾害，或因人为破坏，像康沃尔郡那样的地方，数不胜数。对于废弃的土地，不能任其自生自灭，我们不能像用牙刷似的，扔了一个又一个，到最后，只能是没有一片适合生存的家园。对于人类的文明而言，可持续发展才是我们应秉持的原则。据伊甸园项目投资方透漏，未来10～15年内，计划在全球建6座伊甸园，争取在每个大洲都有该项目。而亚洲的伊甸园项目则选址在青岛高新区，是亚洲唯一。投资方表示，由于其自身并不具备在各大洲建造伊甸园的能力，未来将以合作的方式进行运作。在操作过程中，将根据不同合作对象，采取不同的合作方式，比如以合作成立公司或者持有合作方股份的方式，通过签署管理服务合同，对项目进行长期咨询顾问服务等。各个伊甸园项目之间，通过可持续发展的理念进行关联，具体项目会体现地域特点，各个伊甸园项目之间将不是竞争关系，而是一种互补关系。

既然伊甸园为我们开创了这样一个成功的先例，我们没有理由认为我们做不到。环境保护、生态文明与可持续发展已经成为急需各方重视的议题。以科学环保的方式来处理日益恶劣的环境问题，达成人与自然和谐共存的局面，将成为一种治理潮流，也是人类发展到一定阶段，必然产生的一种结果。

三、管理 4.0 与大沟通

🍍 引经据典

庄子·人间世

　　庄子与惠子游于濠梁之上。庄子曰："鯈鱼出游从容,是鱼之乐也。"惠子曰："子非鱼,安知鱼之乐?"庄子曰："子非我,安知我不知鱼之乐?"惠子曰："我非子,固不知子矣;子固非鱼也,子之不知鱼之乐全矣!"庄子曰："请循其本。"子曰："'汝安知鱼乐'云者,既已知吾知之而问我。我知之濠上也。"

理论探微

　　根据马斯洛的需求层次论,人有五大类的需求,生理需求是最基础的需求,往上依次为安全需求、社交与爱的需求、尊重的需求以及自我实现的需求,马斯洛的理论认为,激励的过程是动态的、逐步的、有因果关系的。在这一过程中,一套不断变化的重要的需求控制着人们的行为,这种等级关系并非对所有的人都是一样的。社交与爱的需求和尊重需求这样的中层需求尤其如此,其排列顺序因人而异。不过马斯洛也明确指出,人们总是优先满足生理需求,而自我实现的需求则是最难以满足的。笔者在马斯洛需求层次论的基础上,紧扣工业 4.0 时代的脉动,独创性地提出了人的第六大需求,即沟通的需求,这是介于生理需求和安全需求之间的人的又一大需求,并且拓展尊重需求为尊重与赞美需求，因为人在内心深处都渴望得到赞美，这是有别于受尊重的，这种新的需求层次结构定名伍德需求层次论。

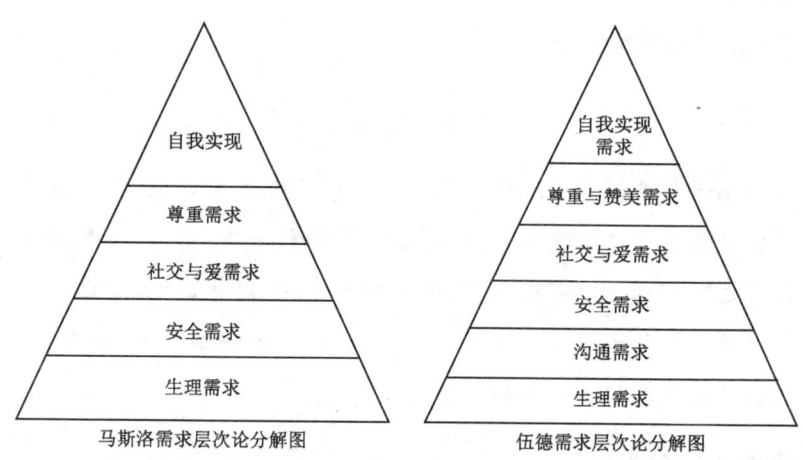

图 1.2　马斯洛需求层次论 & 伍德需求层次论

在工业4.0时代，人的需求已经在五大方面的基础上有了拓展，其中很重要的一项需求得到了激发，那就是沟通的需求，需要注意的是，沟通的需求与社交和爱的需求是有着本质区别的，是介于生理需求和安全需求之间的第六大需求。

在精细化管理大行其道的时代，执行力成为重中之重的一项基本素质，甚至成为判断一名组织成员优秀与否的一项核心指标，但是，在过分注重执行的情况下，我们往往会忽略沟通在管理学中的重要地位。根据伍德需求层次论，我们将沟通分为显性沟通与隐形沟通两类，显性沟通指的是包括口头、书面等形式在内的交流，相对于隐形沟通而言，显性沟通只是冰山一角，在信息化时代，人类的隐形沟通潜能得到了前所未有的激发。

根据笔者的研究，人的隐性沟通需求可分为三大类，分别是仰望沟通、平行沟通和俯视沟通。仰望沟通指的是与自己内心崇敬对象的沟通，比如信仰崇拜，人们会对着蕴含特定意义的塑像或建筑祈祷，倾诉衷肠，许愿祈福，这就是仰望沟通的一种表现，甚至有的人在衣食堪忧的情况下也将自己的财物用于供奉；平行沟通指的是人与自己地位对等的人或物的沟通，比如人与人之间的眼神交流或者心有灵犀都属于这类，人们甚至还经常性地在进行自我沟通，在信息化时代，人机之间的平行沟通日益普遍，比如一些人酷爱的网络游戏，就是典型的人机沟通的一种形式，电脑中的虚拟人物形象使游戏者欲罢不能，还有一些音乐发烧友一天中大部分的时间都塞着耳机听智能手机播放的音乐，这也是一种人机沟通的形式，在智能机器人普及之后，我们将发现人机之间的平行沟通无处不在、不可或缺，现在已经比较常见的餐厅机器人服务员就是一个典型例证，日本软银集团创始人孙正义先生就在 2014 年度软银世界大会上提出机器人发展计划，软银将在 2015 年 2 月发售备受外界瞩目的机器人 Pepper，孙正义的目标是让 Pepper 走进日本的千家万户，成为人类的贴身"小伙伴"；俯视沟通指的是人与其他生命体或者物体之间的沟通，比如许多人喜欢养宠物，并且与之推心置腹地交流，还有的人嗜好花草，甚至一天不赏玩就会觉得怅然若失，从严格意义上讲，这不能称之为社交或爱，但许多人视之为生活中的重要环节，还有的人喜欢与自己珍藏的物品沟通，甚至片刻看不到就会心神不宁。

表1.2　沟通需求的类型及特征

沟通需求类型	重要特征	典型例证
仰望沟通	崇敬	信仰崇拜
平行沟通	对等	人机对话
俯视沟通	掌控	宠物依赖

显而易见的是，随着大数据时代的到来，人类的隐形沟通需求将得到前所未有的激发和满足，大沟通应运而生，这也将从深层次上改变人类社会。大沟通是指在大数据时代，人的显性沟通需求和隐形沟通需求均得到充分满足后形成的一种全新的沟通模式。大沟通与人本化管理之间是相辅相成的关系，因为以人的各类层次需求为着眼点是人本化管理的一个重要特征。在工业4.0时代，大数据、人工智能、物联网等先进技术将人类之间的联系变得更加千丝万缕，也将许多过往不敢想象的事情变成了现实。举一个很简单的例子，人与人之间的眼神交流将很可能成为一种被深入开发的沟通模式，在高科技的辅助下，能使人们抓住四目相接的机会，迅速获取彼此的信息进而展开深入交往，这正是大沟通的一种典型表现形式。[4]

实战演练

"知鱼之乐"与大沟通

阿里巴巴、软银和富士康联合投资的Pepper机器人在周末发售，一分钟内，1 000台机器人被一扫而光。一般的硬件产品1分钟卖1 000台并不算出众的成绩，但是Pepper却很例外：它是机器人，是售价超过1万元人民币的机器人。如此昂贵，还受到人们欢迎还是鼓舞人心的。在刚获阿里巴巴投资之后，Pepper 就曾发售过一批，同样是一扫而光。Pepper 机器人的特色是社交陪聊功能，你可将此看作一个具有视觉和移动能力的 Siri。

它可借助自带的深度摄像头识别主人的面部表情，它的语音识别还能根据语调判断主人的情绪，同时集成了 IBM 著名的人工智能平台 Wotson（沃森），进而可自我学习，根据主人的喜好不断调整自己的模式，甚至改变自己的星座，让主人与之交互过程更加愉悦。它具有 17 个防夹关节和 3 个万向轮，能自由移动，可以做出一些动作，在主人不开心时还能唱歌跳舞。Pepper 正在增强自己的秘书能力，它可以帮你查找餐馆或者查询路线，软银未来还会集成 200 个应用帮助 Pepper 丰富其服务，何时提供开放平台，让第三方可通过这个机器人给用户提供服务。

基于上述功能，Pepper 在企业级市场可被用于导购导游、简单教育等场景；在消费级市场则可被家庭用户买回家玩。虽然看上去比 Siri 聪明不了多少，但因为是人形且可移动的，所以还是受到许多土豪青睐的，1 万多元的价格让普通家庭望而生畏，但对于土豪来说，又算得了什么呢？现在 Pepper 月产能只有 1 000 台，在富士康投资之后未来产能应该会快速提升，未来会卖得更多，并且会被阿里巴巴引入中国市场。

2015 年还谈不上机器人元年，尤其是对于中国市场而言，成名的机器人貌似还没有——如果不算空中机器人无人机、四轮机器人无人车和傻瓜扫地机器人的话。Pepper 就像 Google Glass 之于可穿戴设备市场的意义一样，它让本已存在多年的概念产品化并且市场化了，机器人进入千家万户之日已经不远。

NAO 机器人这是法国 Aldebaran Robotics 公司旗下的机器人，现已研发到第二代，这款产品很难进入大众消费市场的原因是其定价高达十几万元人民币，可买 10 来个 Pepper 了。第一代产品拥有 25 个自由度，高 58 cm，重 4.3 kg；第二代产品高达 120 cm。它具有婴儿般的人工智能学习能力，具有一定的智商和情感，可以区分不同的主人、分辨这些人的表情、情感和行为，看上去，它跟 Pepper 有着相似的定位。在舞蹈等运动能力上，NAO 更强大，同时其情商更高，可以表现出愤怒、恐惧、悲伤、幸福、兴奋和自豪等情感。

NAO 最厉害的地方在于，它是一个开放式的机器人，使用 Linux 的嵌入式处理器，用户不论专业程度如何，均可在 Linux、Windows 或 Mac OS 等操作系统下面为它编程，可调用其声音合成、图像识别、肢体动作、颜色灯光等能力，进而使之胜任不同的场景，例如踢足球赛、跳舞、杂技、拳击等等。正因如此，NAO 被大量应用在教育机构和研究机构，许多学生和公司都通过 NAO 来做研究。

参考文献

［1］吴斌. 桃子管理［M］. 北京：经济日报出版社，2016.

［2］史蒂芬·霍金著. 许明贤等译. 时间简史［M］. 长沙：湖南科学技术出版社，2016.

［3］彼得·霍布斯. 项目管理［M］. 北京：世界图书出版社，2011.

［4］吴斌. 工业 4.0 基础上的组织沟通［J］. 现代工业经济和信息化，2015（16）：110-112.

第二章

中华管理

中国的五行学说中,木、火、土、金、水是构成宇宙的基本构成要素,生生不息、周而复始,运用现代的化学分析方法进行探究,我们很容易发现,木、火、土、金、水这五种要素,除了水的分子结构为H_2O之外,其余四种要素皆无分子结构可言,换而言之,我们只能从宏观角度解析木、火、土、金、水,却能从宏观和微观两个维度认识水,中国古代思想家们将五行思想运用得炉火纯青,直到今天,这一思想仍然在中医学、艺术设计等领域发挥着举足轻重的作用,对于管理学等诸多领域而言有着巨大的潜在开发利用价值。

水在五行之中不但具有独特之处,而且在中华文化中具有举足轻重的地位,中华先贤将水的特性与社会生活实现了完美结合,在道家文献《太一生水》中,着重阐述了水对于宇宙生成的重大意义:"太一生水,水反辅太一,是以成天。天反辅太一,是以成地。天地复相辅也,是以成仓热。仓热复相辅也,是以成湿燥。湿燥复相辅也,成岁而止。故岁者,湿燥之所生也。湿燥者,仓热之所生也。仓热者,四时之所生也。四时者,阴阳之所生也。阴阳者,神明之所生也。是故太一藏于水,得于时,周而又始,以己为万物母;

一缺一盈，以己为万物经。"这里的"太一"与老子所提的"道"之间有着异曲同工之妙。[1]

道家尚水，水可以说是道家崇尚之"道"的化身。《道德经》有云："上善若水。水善利万物而不争，处众人之所恶，故几于道。居善地，心善渊，与善仁，言善信，正善治，事善能，动善时。夫唯不争，故无尤。"老子赋予水以最高的品质，水成了老子人生哲学的象征。

《庄子·秋水》有载："秋水时至，百川灌河；泾流之大，两涘渚崖之间，不辩牛马。于是焉河伯欣然自喜，以天下之美为尽在己。顺流而东行，至于北海，东面而视，不见水端。于是焉河伯始旋其面目，望洋向若而叹曰：'野语有之曰：闻道百，以为莫己若者，我之谓也。且夫我尝闻少仲尼之闻，而轻伯夷之义者，始吾弗信；今我睹子之难穷也，吾非至于子之门，则殆矣。吾长见笑于大方之家。'"

从表象上看，庄子是在论述水的浩瀚无垠，并以此来反衬人的渺小狭隘，实质上庄子要表达的深层次含义是道家的顺势善为的思想理念，即只有顺应事务发展的潮流，才能够趋利避害。

战国时期，阴阳五行学说流行。《尚书·洪范》最早提出了五行说，五行分别为木、火、土、金、水。战国后期，阴阳五行家将五行学说与人类历史的演进结合起来，甚至被后人用于预测时代的变迁和王朝的兴衰，我们同样可将之应用于工业化与管理模式进程的科学推断。

一、管理 1.0—4.0 与中华管理

引经据典

咏　柳

［唐］贺知章

碧玉妆成一树高，万条垂下绿丝绦。不知细叶谁裁出，二月春风似剪刀。

这是一首咏物诗，通过赞美柳树，表达了诗人对春天的无限热爱。诗的前三句都是描写柳树的。第三句"不知细叶谁裁出"是写柳叶，突出柳叶精巧细致的形态美。而第三句又与第四句构成一个设问句。这样一问一答，就由柳树巧妙地过渡到春风。说裁出这些细巧的柳叶，当然也能裁出嫩绿鲜红的花花草草。它是自然活力的象征，是春的创造力的象征。这首诗就是通过赞美柳树，进而赞美春天，讴歌春的无限创造力。同时这首诗又体现了自然规律的玄妙非人力所能及也，昭示着只有顺应自然规律才能达到一个善治的状态。

理论探微

中华管理是一种具备深厚的中华传统文化底蕴，同时又与世界经济管理大环境深度融合的管理模式，这种管理模式既不因循守旧，亦不随波逐流，是一种与经济社会变迁相辅相成的、兼具理

论指导性和实践应用性的管理模式，与管理4.0之间有着异曲同工之妙。**中华管理是以中华传统文化为源流的，以阴阳五行思想为核心的，以天人观、势为观、道器观和精简观为根本观点和工具价值的，以敬天礼人、顺势善为、融道利器、尚简求精为基本特质的，以增进全球经济共融和大同世界构建为根本目的的一种管理模式。**

按照工业化的进程，在工业1.0之前的时代可称为前工业化时代，即工业0.0时代，中国自正式进入封建时代以来，直至1840年鸦片战争被叩开国门前的约2 000年的岁月长河里，可以说都处在这一时代，而西方世界在资本主义繁荣发展前的漫长的中世纪时期亦处在同一时代，在这个时期人类基本处于农业社会，农作物的种植是人们的主要生产方式，处在这个时代中的人类已经不再依赖刀耕火种式的原始作业方式，但是仍然摆脱不了靠天吃饭的命运，这种自给自足式的自然经济具有极强的生命力与排异性。前文已经提到过五行学说与历史演进之间的关系，五行之中的"木"与之有互融共通之处，《春秋繁露》曰："木者，春生之性，农之本也。"狭义的木是指树木，而广义的木则可以引申为各种植物及木制材料等。《素问·玉机真藏论》："东方，木也，万物之所以始生也。"木代表生机，所谓根深才能叶茂。在人体中，肝脏的属性为木，肝的再生复原能力是很强的。因此，农业社会也是一种生生不息、悠长绵久的经济社会模式，并且具有极强的自我修复能力。这一时期的管理，可以说基本上是以放任式、经验式为主，管理学远远不能称之为一门学科，甚至也不被认同为是一项专门的技术，这一历史时期可称为管理0.0时代。但是，这种局面被工业1.0时代所彻底打破。

工业 1.0 时代为何起始于西方而非东方的原因我们暂且不去探究，这个时代的最大标志是大型动力机械——蒸汽机的发明改良与广泛应用，进而衍生出火车、汽轮等划时代的大型机具，从而大大缩短了国家和地区之间原本遥不可及的距离，也为广袤的东方大地沦为资本主义先发国家原料掠夺地和商品倾销地的命运做好了铺垫。在这一时期，即所谓的"坚船利炮"所向披靡的年代，资本主义世界体系初步构成，古老而广袤的东方大地被逐一征服了，并沦为西方先进资本主义国家的殖民地或半殖民地，"东方从属于西方"始于斯。第一次中英鸦片战争期间，清政府两江总督牛鉴看到英国的火轮船时，开始"疑其轮系用牛拉"，而有人将实情相告，仍然"疑信未决"，直到亲眼目睹"火轮机关"，才"叹而信之"，牛鉴属进士出身，尚且愚钝至此，由此一斑可见中西方差距之甚。"火"为人字左右各一点，意为人之左右、阴阳不协调了，不协调必然引发病变，"火"上加"火"为"炎"，即有炎症，已经是病入肌里。事实上，工业 1.0 时代也是人沦为机器的附属物的一个时期，即马克思所指出的"人的异化"，这种全新的生产模式对人的天性形成巨大的冲击和压制，人们之间的关系也随之逐渐变得冷冰冰和赤裸裸。

直到工业 1.0 时代已近尾声的时候，管理学才犹抱琵琶半遮面地作为一门独立的学科登上人类经济社会发展史的舞台，彼时，发源于美国的科学管理革命风暴席卷整个资本主义世界乃至全球，管理 1.0 时代正式到来。

工业 2.0 时代的一项里程碑式的事件当属电灯的发明，1879年 10 月 21 日，美国发明家爱迪生通过长期的反复试验，终于点燃了世界上第一盏有实用价值的电灯。爱迪生在发明电灯的过程中，认真总结了前人制造电灯的失败经验，并且经过对1 600多种材料进行几千次试验后，爱迪生把炭化后的竹丝装进玻璃泡并通上电，这种竹丝灯泡竟连续不断地亮了1 200个小时！据国际能源署统计，21世纪的今天，世界上仍有20%的人口用不上电，更不用说家用电灯了。诞生于这一时期的另一项具有划时代意义的发明当属内燃机，其广泛应用也引发了世界范围内对石油的空前规模的开采，世界上第一个试图探索石油成因的是俄国科学家罗蒙诺索夫，他认为：油页岩不是什么别的东西，而是古代从结果实的地方和从树林里被雨水冲刷下来的烂草和烂叶变成的黑土，它像淤泥般沉在水底……从树脂和石油的轻质性和可燃性可以推出它们的成因也是相同的。工业2.0时代两大最具标志性的发明（现）——电灯丝和石油，其材质分别为烧焦的竹丝和沉积地底的淤泥，恰好对应五行当中的"土"。土的特性是温厚笃实，生生不息，历经沧桑而本色无改，工业2.0时代是人类工业化历史进程中承上启下的一个关键环节，事实上，直到今天，国际社会把国家划分为发达国家（Developed country）和发展中国家（Developing country）的标准，在很大程度上也与该国的工业2.0进程休戚相关，足见这一时期对人类历史进程的影响之深远，这一时期大型生产组织如雨后春笋般蓬勃兴起，社会分工的纷繁复杂程度前所未有。相比管理1.0时代的姗姗来迟，管理2.0时代的到来颇有水到渠成之感，其最大的标志是组织化管理方式的普遍运用，这一时期涌现出的组织管理学家的杰出代表，如亨利·法约尔、马克斯·韦伯开始着手构建组织管理理论体系并且将之付诸经营管理实践,直到今天,由他们所提出的许多管理学原则仍在被广泛应用于工业管理与一般管理当中。

工业 3.0 时代是计算机异军突起的时代,而计算机的发明竟与中国古老的阴阳八卦有着莫大的关联,众所周知,计算机采用的是二进制的原理,二进制可以用 1 和 0 来表示,组合起来会产生无穷无尽的巨系统。而八卦可以说是二进制的原型,是由阴爻(相当于 0)和阳爻(相当于 1)相配组成的。18 世纪,数学天才莱布尼兹从传教士鲍威特寄给他的拉丁文译本《易经》中,惊奇地发现了隐含在《易经》内世界上数学进制中最先进的二进制原理。而当他看到一枚阴阳八卦图案的印章后,他的智慧之门瞬间打开了,并一发而不可收。八卦以"—"为阳爻,"--"为阴爻,阴阳相乘而成乾坎艮震巽离坤兑等八个基本卦象。八卦相荡,而成八八六十四卦;如果再叠乘,其数则不可胜数……莱布尼茨在貌似简单组合的几个线条中,看到了一个可以无限延伸的,"其大无外,其小无内"的运算规律,并且为世界上第一台计算器——也就是电脑的前身的发明奠定了数理基础。在计算机得到广泛应用的同时,这一经济社会发展阶段的一大特征日益凸显,那就是金融业的空前繁荣,如美国的摩根史丹利、高盛、美林等金融机构就对全球经济脉动有着举足轻重的影响,其金融衍生品更是数不胜数,并成功渗透进了经济社会的每一个边角。所谓有利必有弊,分别发生于 1998 年和 2008 年的亚洲金融危机和全球金融危机也给世界经济造成了前所未有的破坏,在金融泡沫破灭之后,实体经济回归到制造业的本源上,进而催生了工业 4.0 时代的到来,我们在下一章将会进行专门论述。五行之金,不仅泛指各类金属物质,而且也指各类矿物,"金曰从革"，"革"是指变革，即说明金是通过演变或变革而产生的，这与工业3.0时代计算机灵敏的特性有着异曲同工之妙，同时也映衬了金融业的万变不离其宗之道。与工业3.0对应的管理3.0是一种以精细化管理为重要手段的一种管理模式，这种模式又具体包含目标管理、绩效管理、精益管理等管理手段，对于生产工作的精准度和系统性的要求达到了一个全新的高度，这一管理模式的应用仍然方兴未艾。

　　工业4.0时代的号角是由制造业强国——德国率先吹响的，是德国政府在《德国2020高技术战略》中提出的十大未来项目之一，并于2013年4月在汉诺威工业博览会上被正式推出，工业4.0的典型特征是从制造到智造，由批量到个性，由物本到人本，由垄断到分享，助力其逐步由蓝图变为现实的工具之先进也是之前的工业化进程中所望尘莫及的，它们是：大数据、3D打印、高仿机器人等等。工业4.0对我们的日常生活也形成了前所未有的冲击，最典型的例子就是人的显性沟通和隐形沟通潜能都被充分激发，在万物互联的未来，人类和其他生命体乃至非生命体之间的沟通交流都将变得自然顺畅。与工业4.0时代日趋成熟的技术手段形成鲜明对比的是，相应的管理理论体系的建构仍显滞后，甚至在一定程度上阻碍了这一工业化进程的顺利发展，因此一场管理学领域的变革势在必行，而这也是笔者写这本书的初衷，管理4.0融汇了儒家、道家、墨家、法家、兵家等思想流派的治理智慧，并将阴阳五行的精髓贯穿其中，兼具理论性与实践性，是跻身工业4.0时代所不可或缺的"制胜法宝"。

"柳叶飞剪"与管理学变迁

张小泉剪刀的制作始于明朝万历年间,迄今已有340多年历史,明末清初已出名。张小泉的父亲张思家自幼在以"三刀"闻名的芜湖学艺,后在黟县城边,开了个张大隆剪刀铺,前店后家。张思家做事认真,他打磨的剪刀,坚韧锋利,备受人们的称赞。张小泉在父亲的悉心指教下和自身不断实践中,也练就了一手制剪的好手艺。清兵入关时他父子俩逃到杭州,在吴山脚下的大井巷内,开设了"张大隆"剪刀作坊,悉心研究铸造技艺。在打制剪刀中运用了"嵌钢"(又叫镶钢)工艺,一改用生铁锻打剪刀的常规,选用的又是浙江龙泉之钢,还采用镇江特产质地极细的泥精心磨制,使剪刀光亮照人,生意格外兴隆。张小泉子承父业后,由于制作认真,质量上乘,加上地处清河坊一带,是杭州商业中心,故而生意兴隆,利市十倍。清康熙二年(1663年)为防别家冒用张大隆招牌出售剪刀,他把招牌改用自己名字"张小泉"。此后的数百年间,张小泉剪刀逐渐以嵌钢均匀,钢铁分明,磨工精细,刃口锋利,锁轴牢固,镀层光亮,开合和顺,刻花精巧,式样美观,经久耐用而闻名中外。打出"张小泉"牌号做剪刀的,最多时曾达到86家,出现了"青山映碧湖,小泉满街巷"的盛况。宣统元年(1909年)传至张祖盈时,制剪技术在杭已传八代,他以"海云浴日"商标,送至知县衙门,并报农商部注册,商标上还加上"泉近"字样。

1915年,张小泉近记剪刀在巴拿马"万国博览会"上获奖,从此剪刀远销南洋、欧美一带。门市平均每月销售大小各种剪刀计一万余把。1917年，张祖盈将剪刀表面加工改为抛光镀镍后，更受顾客的欢迎。当时师傅、徒工、店员人数已达八十多人。1929年，张小泉牌剪刀在首届西博会上获得特等奖。正当张小泉发展势头蒸蒸日上时，日寇侵占了杭州，张小泉剪刀尽管在剪刀业中遥遥领先，但仍遭受重创，濒于破产。到新中国成立前夕，张小泉制剪工业日见凋敝，已无光彩可言。

直到1949年5月3日杭州解放后，社会日趋安宁，各作坊商号纷纷复业。为了将张小泉这个传统的民族品牌保存下来，并发扬光大，从1953年始，在政府部门的组织下，相继成立了5个张小泉制剪生产合作社，生产品种各有不同。1954年，五个合作社一起迁至杭州海月桥集中生产，共有职工423人。1955年，五社正式合并为杭州张小泉制剪合作社，职工已增至527人。至此，张小泉这个传统品牌的重新崛起已初露端倪。1956年，毛泽东同志在《加快手工业的社会主义改造》一文中特别指出："手工业中许多好东西，不要搞掉了。王麻子、张小泉的刀剪一万年也不要搞掉。我们民族好的东西、搞掉了的，一定都要来一个恢复，而且要搞得更好一些。"这个指示，在张小泉的发展史上，产生了里程碑的意义。同年，制剪社正式恢复张小泉称号。在政府的关怀和支持下，统一筹建杭州张小泉剪刀厂的国家拨款下达，整整40万元！加上筹备会自筹的20万元，新企业在1956年10月破土动工。1958年，地方国营杭州张小泉剪刀厂正式被政府授牌成立，当时企业的员工已达816名。

在"文革"时期，张小泉的经营遭到严重破坏，但最致命的打击还是20世纪80年代中期以后，张小泉遭受了西方先进管理理念和多种业态的冲击,与改革浪潮中红红火火的产业相比,张小泉的发展显得微不足道。20世纪90年代,作为国有企业,当时的张小泉内部机制老化,技术落后,产品单一,品牌意识薄弱,而且生产规模小、设备落后、观念老化、科技含量低等因素严重制约了发展。到了1999年,企业销售业绩严重萎缩,资金周转困难。张小泉想要重新焕发青春,改革体制已成燃眉之急。2000年,张小泉企业整体改制,转变为投资主体多元化的有限责任公司,为"张小泉"的发展注入了活力。企业顺利通过转制,杭州张小泉集团有限公司宣告成立,从而向现代企业制度迈出了决定性的一步。

二、中华管理的四位一体管理观

引经据典

临江仙·滚滚长江东逝水

[明]杨 慎

滚滚长江东逝水,浪花淘尽英雄。是非成败转头空。青山依旧在,几度夕阳红。白发渔樵江渚上,惯看秋月春风。一壶浊酒喜相逢。古今多少事,都付笑谈中。

东汉末年,难以逃脱历史周期律的刘汉王朝沦于风雨飘摇的境遇之中。彼时,黄巾大起义如火如荼,地方势力借机拥兵自重,在历经外戚专权、权臣乱纲、豪强割据之后逐步形成了以刘汉皇室为名义上统治核心的,曹魏、东吴、西蜀三方实力派鼎足而立的局面，并且一直持续到公元220年汉献帝禅位给魏主曹丕，东汉正式灭亡之时。在这一历史时期，刘汉皇室、曹魏势力、东吴势力、西蜀势力形成了一个四位一体的超大型组织治理体系，并且呈现出分而不裂的态势，生动地诠释了中华管理学所蕴含的四位一体管理思想。

三国演义开篇就是"话说天下大势，分久必合，合久必分。"事实上，魏、蜀、吴三家长期处于分而不裂的状态，其根源在于"君权神授"这一理念仍然为彼时的政治精英和普罗大众所普遍接受，换而言之，儒家思想仍然是当时社会上的主流思想，儒家还强调"民为邦本，本固邦宁，"尽管是乱世，但是任何一位当权者都不敢轻易践踏民意，否则难免会引火烧身，因此敬天礼人仍是当时的主流管理理念；刘汉皇室虽如明日黄花，但毕竟是维系天下稳定的纽带，东汉王朝是中国历史上为数不多的实现"软着陆"的封建政权之一，这可视为刘汉皇室先祖钦定的治国方略——黄老之学所赐，符合顺势善为的管理理念；西蜀能成为与曹魏和东吴分庭抗礼的一维，固然与刘备汉室宗亲的身份有一定法理上的关联，但真正起到关键作用的是运筹帷幄决胜于千里之外的诸葛亮，尤其是他倾尽心力打造的木牛流马、诸葛连弩、八卦阵法等破敌"利器"更是令对手闻风丧胆，为西蜀霸业奠定了基础，堪称融道利器式管理之典范；曹魏虽然被广为诟病，但不可否认的是曹操对于法治化管理手段的运用自如，曹操挟天子以令诸侯的战略可谓是路人皆知，但从法理学的角度来分析，却不失为一招多赢的妙棋，封建时代的君主自诩为上天的"代理人"，具有颁布和废止法令的至高权力，曹操正是抓住这一点，频繁借天子之名亮出"尚方宝剑"，在法理和心理上给对手施以威压,同时他重视法治化治军,如在一次行军途中,他无意触犯了自己颁布的"坐骑踩踏麦田者斩"的军令,他要求主簿依令执行,主簿谏言"割发代首",于是当即执行,消息传出后三军肃然,其严格的法治化管理可见一斑,曹魏是典型的推崇尚简的法治化管理的组织;东吴最大的管理特色是求精,孙权不谋求天下霸权,只用心经营江东,在两次大的危机面前,一次是曹操大兵压境,孙刘联手抵御,用数量不占优势的兵力沉重打击了水土不服的曹魏远征军,为三足鼎立打下基础;另一次是刘备为报折关羽失荆州之仇,倾蜀国之兵力寻求决战,东吴军队避其锋芒,坚守不出,最终以"火烧连营"几乎全歼蜀军精锐,可见,东吴奉行的军事战略是求精而不求多,并且凭此屡次化险为夷,堪称教科书式的危机管理经典。

理论探微

作为四大文明古国中硕果仅存的国度,历久弥坚的中国正致力于在世界坐标体系中重拾合理定位,而这种舍我其谁的气魄在很大程度上要归功于强劲的经济实力和高效的治理体系。自汉代以来直至中英鸦片战争前,中国凭借得天独厚的自然经济模式和高度完善的社会治理体系,一度执世界经济发展之牛耳,即使在被冠以"积贫积弱"称谓的宋朝,中国的 GDP 也占世界经济总量的60％上下,这与国家的行之有效的治理体系密不可分。纵观中国历代封建王朝的发展脉络,会发现由于外敌大规模入侵而导致经济社会发展停滞甚至倒退的局面屡见不鲜,但是支撑整个国家民族发展的根基——中华传统文化却生生不息,往往在家国蒙难之际发挥核心驱动力的作用,进而带动整个国家民族在废墟上实现复兴,而作为中华传统文化不可分割的一部分——中华管理文化则起到中流砥柱的重要作用。

东周末年,社会的急剧裂变促使了思想文化的迸发,纵览争鸣百家,多为昙花一现,真正经得住滚滚历史洪流考验的堪称凤毛麟角,儒、道、墨、法、兵五家可谓是名至实归,这五大思想流派的治理理念正是一个组织实现长治久安和良性发展所不可或缺的"利器"。根据组织管理理论,大到国家甚至国际组织,小到家庭或者是微信群,其实都可以视为组织,其治理模式都有相通之处,我们深入探究中华管理的四位一体管理观,旨在为组织管理探寻普适路径。在前文的 HARS 组织管理三角中,儒家的人本化管理居于顶端的地位,道家的理性化管理居于核心的地位,墨家的智能化管理和法、兵两家的分享化管理处于根基的位置,这种四位一体的治理模式具有高度的坚韧性和稳固性,这四种管理方式的核心思想分别是天人观、势为观、道器观和精简观,这正是中华管理的精髓之所在。

天 人 观

《尚书·洪范》有云:天子作民父母,以为天下王。天子者即天之子,一方面是天之子,一方面又是民之父母,形成"天人相与"之势,天下方能长治久安。中国的封建帝王都要主持"祭天"礼,既表明自己对上天的尊重,又向世人宣告自身统治顺应"天意"。[2] 文艺复兴以来,天文学得到了迅猛的发展,哥白尼的《天体运行论》成为一部驱散蒙昧的划时代科学巨著,然而哥白尼的本职工作是一名教士,他也未否定过自己对上帝的虔诚,科学巨匠牛顿甚至花费大量宝贵的时间和精力去证明上帝的存在。由此可见,东西方两种文化对于"上天"都是敬重有加的。事实上,中国传统文化中的"天"和用现代科学术语表述的宇宙之间并无不可逾越的鸿沟,指的都是一个极其复杂的、浩瀚无垠的天体系统,这与管理学中的系统论有着异曲同工之妙。

相较西方以天主教为源流的哲学理论体系,中国古代思想,尤其是长期在封建社会处于主流的儒家思想,更加重视民本思想在国家治理中的作用。《孟子》有载:民为贵,社稷次之,君为轻,这是一种十分可贵的以人为本的管理理念。《尚书》有载:民为邦本,本固邦宁。而在现代商业社会中,流行着这样一句话:企业的"企"的含义是无人则止。无论治理国家还是管理企业,都是组织治理的一种形式,作为组织中的管理者,要上接天意,下承民意,既要对所处的大环境心怀敬意,同时也要对员工实行全面人本化管理。在精细化管理大行其道的时代,人变为机器的附庸,人的天性被极大地压制,普遍缺乏深入的心灵沟通交流,人际关系也变得越来越形式化,进而影响到整个社会生态系统的健康发展,对于自然环境的负面影响也到了积重难返的地步。因此,提倡"敬天礼人"的管理理念正是对于人性本原的回归,同时也是对自然界发自心底的敬畏使然。

南宋时期,处于蒙古和金国两大军事集团威压之下的统治集团缺乏进取的魄力,与政治和军事上的颓势形成鲜明对比的是,江浙一带商品经济发展繁荣,这两种状况共同促成了浙东南一带儒家新流派的崛起,以叶适等人为代表,并逐步形成了以事功学说为核心思想的一支儒家思想流派，这一学派主要以永嘉为中心进而辐射浙东南一带，故称之为永嘉学派。这一学派摒弃了空谈义理的学风，着眼于经世致用之学的研究，而叶适就是该学派的集大成者。永嘉学派的繁盛给略显沉闷的儒学带来了清新的气象，倡导人与人之间的相互平等和尊重，这一学派主张"藏富于民"，将儒家的人本思想提升到了一个新的高度。

势　为　观

《易经·坤卦》有载：地势坤，君子以厚德载物。其用广袤无垠而又延绵起伏的地势来指代君子深厚的德行。《道德经》有云：江海之所以为百谷王者，以其善下之，故能为百谷王。是以欲上民，必以言之下；欲先民，必以身后之。中国古代思想家善于借用水之势来解说君子的各种品德和能力，如德义、勇武、正直、守法、公平、明察、明智、知命以及理想远大和善于教化。从自然环境中得出处世立身的大成智慧是中华管理学所蕴含的势为观的集中体现。

《道德经》中关于国家治理有一句经典名言：治大国若烹小鲜。这句话至少包含着以下几层意思：一是治理国家忌讳朝令夕改，就像烹炒小鱼，如果反复搅动，只会将好食材变为肉糊，变优势为劣势；二是组织管理过程中应当贯彻系统观，就像做一条鱼，如果做好的鱼是骨肉分离的状态，那么烹饪的过程肯定是不当的，只有注意力道，始终保持鱼的完整性，才能达到圆满的状态；三是组织管理和烹制菜肴一大共通之处是，既要遵循一定的程式进行，又要在实际推进过程中顺势而动，尤其要注重火候的把控，做到恰到好处。这其中就蕴含着道家的势为观管理思想。

需要指出的是，道家的治理思想绝不局限于表象的"清修无为"上，事实上道家更注重"顺势善为"，《道德经》曰："善为士者不武；善战者不怒；善胜敌者不与；善用人者为之下。"这就是对"善为"的精辟论述。西汉初年，天下始定，汉高祖刘邦的继任者汉文帝刘恒审时度势，果断转而吸纳黄老之学的治国思想，实行休养生息、轻徭薄赋之国策，让饱经战乱的天下百姓得以安心作业，让疲于征战的军队能够养精蓄锐，遂开"文景之治"盛世，奠刘汉江山基业。

道 器 观

墨家在诸子百家之中具有独特的地位，从"非儒即墨"的说法中可窥其一斑，墨家的信徒主要是手工业者、熟练农夫和渔猎牧民，这些人大多居于社会下层的位置，与儒生与士大夫阶层几乎绝缘甚至是对立的，在秦朝著名的"焚书坑儒"历史事件中，一批时运不济的儒生惨遭横祸，儒家也遭受到前所未有之重创，与之形成鲜明对比的是，一大批能工巧匠却幸运地存活下来，成为传承墨家学说的有生力量。

所谓此一时彼一时，历史的滚滚车轮前进到汉武帝时代，一位将儒家思想发扬光大的儒生走上了历史舞台，他便是提出"罢黜百家，独尊儒术"的董仲舒，这一决策得到了统治阶层的高度认同，这也标志着儒家思想之正统地位的确立，与之反复角力达数百年之久的墨家从此黯然失色，曾经辉煌一时的墨家就此沉寂了近2 000年，其"融道利器"的理念被斥为"奇技淫巧"的发端，并深为儒生和士大夫所不齿。直到1840年爆发鸦片战争，西洋的"坚船利炮"强力叩开古老封建王朝的国门时，墨家传统才重新得到重视，然而，彼时的士大夫阶层对于墨家思想还是怀着一种复杂的心态，他们对于墨家的"器"推崇有加，并最终催生了中国近代史上的第一次西方工业文明改造——洋务运动；对于墨家的"道"，即其自成体系的理论，则持不屑和抵制的态度，并坚定地维护儒家思想的正统地位。这种状况持续了将近一个世纪。

在工业4.0时代的号角吹响时，"工匠精神"被广为推崇，实际上这是对墨家思想的重新提倡，处于势微地位甚至几乎销声匿迹长达千年之久的墨家思想终于迎来了复兴的曙光，否极泰来的墨家将以更加开放包容的姿态融入工业4.0的时代洪流当中，其"道器观"治理思想精髓也将焕发新的生机。

精 简 观

兵家和法家之间的关系可以用"骨肉相连"来形容，都堪称不可轻易示人的"国之重器"，而且两者都是国家与组织的稳定之锚，但深入探究其属性和功效，会发现两者各有千秋。

从韩非子创立法家学派直到辛亥革命前，中国的法家思想经历了漫长的进化历程，略加分析会发现，所谓的"法家"，其实着墨更多的是对法理学的研究，纵观中国的封建时代变迁史，我们不难发现法家其实处于一个比较尴尬的位置，首先不消说，儒家是受统治者所尊崇的玄门正宗，道家也在风水轮流转的时期能够唱一回主角，而法家思想只被当作一件纯粹的工具来使用，这就使构建完整的社会法律治理体系的理想几乎成为建造空中楼阁一般的幻象。

此外，从东周直至封建时代末期，法律人才始终处于一个相对匮乏的状态。即使是秦国的公孙鞅，也很难称得上是一名法学家，他实行的变法，更多是在奖励和惩罚的政策层面的变革，而非全面法律体系的塑造，当然，他所采取的变革方式也与他所处的时代相符合，我们必须要承认他所倡导的这一套国家治理体系是行之有效的，甚至有些措施是立竿见影的。而且应当认识到，商鞅变法的一大积极意义是在一定程度上变革了"刑不上大夫，礼不下庶人"的治理文化，而这也是促成他被"车裂"悲惨命运的一大因素。除了这类昙花一现式的法家人物，大多从事法律相关工作的都是兼职的行政官员，这也从客观上阻碍了一支专业的法律人才队伍的构建。

无论是从法治思潮的形成还是法律人才的培育而言，封建时代都显得善乏可陈，但是不可否认的是，与同一时代的世界上其他国家横向比较，中国的法治建设还是走在前列的，尤其是在唐代，更是当之无愧的亚洲乃至世界的法治文明高地。如唐朝高宗时期颁布的《唐律疏议》，是在《武德律》和《贞观律》的基础上编修而成的，传播到毗邻的亚洲各国后引起了强烈反响，并深刻影响了这些国家的法治进程。几乎是在同一时期，禅宗思想也在华夏大地上生发兴盛起来，禅宗所推崇的尚简思想对管理者的治理理念产生了潜移默化的影响，禅宗所倡导的克制内敛的个性特质和极简主义的行为方式对于规范民众的言行也能起到积极作用，这也是统治者所乐见的，因此禅文化逐渐渗透进经济社会的各个领域，并且与法治文化实现了深度融合。这种模式几乎被同一时期的日本所复制，并一直延续到幕府统治时期，可以说是渗透进了民族文化的最深处。

兵家和法家之间的关系可谓是"唇齿相依"，亦可以说是"唇亡齿寒"，是维系组织内部平稳有序运营和向组织外开疆拓土的两大"利器"。《孙子兵法》是兵家的一部开山力作，在这部著作的《军争篇》中，孙子提出了兵家思想的精髓——"故其疾如风，其徐如林，侵掠如火，不动如山，难知如阴。"这与《虚实篇》中提出的"五行无常胜"形成呼应，恰好对应了"土、木、火、金、水"的特性，因用兵的根本目的是在于"侵掠"，故而"火"是兵家思想最核心的特性。在管理4.0时代，兵家思想在组织管理中的地位不容小觑，所谓"内法外兵"，其在为组织攫取外部资源和拓展分享市场中能起到举足轻重的作用。

实战演练

同仁堂：百年老店风雨沧桑

一个企业成功地做了340年，其漫长的历史甚至超过了美国的历史，340年从未间断，而且越做越好、越做越大，这在世界上堪称奇迹。这就是中国的国宝同仁堂。

同仁堂经营药材的历史，竟然能追寻到遥远的586年前。明成祖朱棣打败了他的亲侄子明惠帝后，为了巩固自己的基业，抵御外族袭扰，决定将首都北迁。当时北京城内人烟稀少、市井萧条，明成祖下令大规模扩建北京城，造宫殿、扩城池、整河道，为此征二十三万工匠、上百万民工及大量士兵，工程一直持续了18年之久。一时间北京人口剧增，造成了缺医少药的困局。为此,朝廷特意将一些名医迁进北京,一些有本领、有胆识的民间医生也借机来此发展。乐家的祖先也就在这时候从南方来到京城。这是明永乐十九年。那时乐家是铃医,也就是摇着铃铛走街串巷的游医。

1669 年,即清康熙八年,当时已经在皇家太医院任职的乐氏医家第四代乐显扬,觉得乐家已经有了一份基业,也有了相当的名声,以后还要发展,要立一个堂名:"'同仁'二字可命堂名,吾爱其公而雅,须志之。"并且挥毫写下了"同仁堂"三个字。并提出"可以养生,可以济世者,唯医药为最"。从此,"同修仁德,济世养生"成了同仁堂的"堂训"。

1702 年,乐显扬之子乐凤鸣在前门外大栅栏路南开设了同仁堂药铺,并于 4 年后完成了《乐氏世代祖传丸散膏丹下料配方》的编著,该书中除了收载了历代宫廷秘方、名医良方、家传秘方、民间验方 363 种外,他还在序言中提出了那句著名的"炮制虽繁,必不敢省人工;品味虽贵,必不敢减物力"的千古一诺。此后,同仁堂一直用这两个"必不敢"来严格选方、用药、配比和工艺规范,并坚持只有药材好,药才会好的制药理念,使得同仁堂在 300 多年中一直保持着良好的信誉。同仁堂供奉御药历时 188 年,历经清朝八代皇帝。

同仁堂的发展离不开整个中国社会的历史背景,从 1669 年到 1949 年的 280 年间的每一次兴衰,都与中国历史的跌宕起伏有着密切的联系。但是无论环境好坏、企业兴衰,乐家几代人一直坚持质量是同仁堂的生命,坚持诚信地面对每一位顾客,坚持善待每一位职工,坚持在创新中求发展。

　　1949 年，同仁堂不到两百人，只有三间门面，到今天，60 年的飞跃发展，使其成为有一万多员工，十大公司，销售收入过百亿元，年利润 8 亿多元的大型国企。

　　同仁堂有着 340 年的历史，世界上有多少企业能有这样长的历史？中国的"老字号"发展到今天，仍然朝气蓬勃的，又有多少呢？为什么同仁堂能穿越历史的风尘，独步古今？显然，这是因为同仁堂特有的文化支撑。

　　乐显扬提出的"济世养生，以医药为最"，而不是"发财致富，以医药为最"，说明同仁堂创始之初，就认为人的价值高于物的价值。300 多年后，这个以人为本的基因不仅被传承了下来，而且有了发扬光大。

　　而现在的同仁堂集团领导提出了"四个善待"，即"善待社会，善待职工，善待投资者，善待合作伙伴"，也是以人为本的精神的发展和体现。同仁堂集团党委副书记陆建国说："对于同仁堂人来说，企业就是我们的眼睛和生命。"因此，在激烈的药品市场竞争中，"给回扣"派"医疗代表"成风。可是同仁堂坚持不给回扣，不派"医疗代表"，净化了社会环境。在抗击非典时，宁可亏损也要坚持供药，并且不加价、不降低质量。而当社会上减员增效成风时，同仁堂的领导却提出"不让一位员工下岗"。陆建国说："我们是职工转岗不下岗，妥善安置了两千多名本来可能下岗的职工。以最小的社会成本，成功完成了从一个百年老店到一家老国企的转制。"

　　这也正是同仁堂作为"国宝"的意义所在。[3]

三、中华管理文化的源流

诗经·小雅·南山有台

南山有台,北山有莱。乐之君子,邦家之基。乐之君子,万寿无期。南山有桑,北山有杨。乐之君子,邦家之光。乐之君子,万寿无疆。南山有杞,北山有李。乐之君子,民之父母。乐之君子,德音不已。南山有栲,北山有杻。乐之君子,遐不眉寿。乐之君子,德音是茂。南山有枸,北山有楰。乐之君子,遐不黄耇?乐之君子,保艾尔后。

这首诗蕴含着中华管理文化中的阴阳思想。中华管理文化深厚根植于中华民族世代栖居的天地间,是博大精深的中华文化的有机组成部分,恰如中华民族的图腾——龙一般深不可测且令人神往。居于中华管理文化最深层次的是阴阳思想、元思想和五行思想。

阴 阳 思 想

相传上古时期的先哲伏羲在黄河边看到龙马,其身上有浑然天成的八卦图,于是伏羲迅速将之画下并授之于众人,他被后人尊为中华民族的"人文始祖"。古人把天看成阳，把地看成阴，并不断用阴阳这个概念分析事物，被誉为"群经之首，大道之源"的《易经》的核心不外"阴阳"二字，在《易经》中阴和阳是以两个符号来表示的，就是阴爻和阳爻，两者有机结合构成了刚柔、高低、前后、上下、左右、内外、升降、进退、往来、盛衰、消长、盈亏、新旧等矛盾，掌握了阴阳运行的规律，人们就能够趋利避害，享有福报。

令西方人深感费解的是中国传统文化中"气"的概念，而且更令他们匪夷所思的是气还有阴和阳的属性之分。从"太极"来分析阴气和阳气更为形象直观，我们可以清晰看到阴气和阳气的状态不总是凝聚的，而常是弥漫的，并且是交融的，阴气和阳气广泛存在于宇宙中，我们不时无刻不受其影响。在中医辩证理论中，人体就如同一个小宇宙，阳气和阴气并存于人体之中，并以阳气在上、阴气在下，阳气在外、阴气在内这两种主要范式存在，如果人体受邪气侵袭，打破了体内阴阳平衡的状态，这样人就会得病，因此中医强调治未病，比如对人进行针灸补气调理，以达到少生病甚至不生病的目的。

阴阳思想在组织管理中同样有不可或缺的作用，古人将阴阳思想运用于国家治理上且成就斐然，关键的一点是把握住了阴阳平衡的关系，《尚书·周官》中有这样一句话"燮理阴阳"，指调和理顺阴阳，以达和谐平衡、各归其位，在用人上，要恰如其分、相得益彰。[4]如将之延伸至其他形式的组织治理中，只要把握得当，也能取得上佳的效果，比如古而有之的经济组织治理，就存在着若干对阴阳辩证的关系，如投入与产出、硬件与内涵、管理者与被管理者、激励与惩戒等，尤其是作为经济组织的核心的组织文化更是阴阳融汇的集中体现,一个经济组织的文化在某种程度上可以理解为该组织的气场,组织文化是一个组织的核心和灵魂,从其诞生的那天起就具备了自身的独特文化特质,对于一些传统行业的百年老店而言,其组织文化具有包容绵长的特点,而且自我修复能力强,具有生生不息的生命力,比如在中国各地蓬勃发展的中医院,强大的中医药文化对整个医院的运作起到核心驱动作用,并将处于这个组织当中的每一个成员都吸纳到其中,进而使整个组织实现合理有序可持续发展,从阴阳的角度理解,这种组织文化就处于一种阴阳较为平衡的状态,当然这也不是一成不变的,而是在变化中发展。

元 思 想

《易经·乾》曰:"乾。元亨利贞。""元"的意思为元始,即世界之源。《易经·乾》曰:"大哉乾元!万物资始,乃统天。至哉乾元,万物资生,乃顺承天。""乾元"指的是天地之间的元气,是生命的本原。在道家经典《鹖冠子》中,"元气"可表述为"一",即"有一而有气,有气而有意"(《鹖冠子·环流》),我们都知道气分阴阳,那么此处的"元"即本原之意。与《易经》中的"元"有异曲同工之妙。在人体这个"小宇宙"中,有"元气"之说,这是一个人的命脉之所系,元气浑厚则身强体健,元气若消失殆尽,则生命也将逐步走向消亡。

从组织管理的角度来分析,每个组织都应当具备核心,这就是组织的"元",这是一个组织的中枢神经系统,东方文化视域下的组织核心具有聚合性与延续性的双重特征,西方文化视域下的组织核心则具有多元化与外溢化的两种特性,从国家组织的视角来看,东方国家大多偏向权力集中式的治理模式,而西方国家则普遍采用权力分散化的治理结构;从经济组织的角度分析,东方国家的民营企业普遍为代际传承式的家族式企业,而西方国家的民营企业则不乏外部竞聘式的开放式企业。一言以蔽之,东方文化所推崇的是:维系稳定的一脉相承的中心化模式;西方文化所遵循的是:不要把鸡蛋都放在同一个篮子里。诚然,随着东西方文化的日益交融,两者之间的沟壑也将逐步得到弥合,组织核心设置这一组织管理中的关键点也常会出现互通之处。

五 行 思 想

《尚书·洪范》曰:"五行:一曰水,二曰火,三曰木,四曰金,五曰土。水曰润下,火曰炎上,木曰曲直,金曰从革,土曰稼穑。润下作咸,炎上作苦,曲直作酸,从革作辛,稼穑作甘。"这里记载了五行的名称、次序、性质和作用,但没有涉及五行的相互联系。

五行理论是一种朴素的唯物论,春秋以后,古代思想家开始探索五行之间的关系,并逐渐确立了五行之间存在着既相克又相生的内在联系。古人在日常生活中,观察到水能灭火,金能伐木等现象,从中认识到五行之间的相互制约关系,如《左传》中多次提到"火胜金"、"水胜火",《素问·宝命全形论》:"木得金而伐,火得水而灭,土得木而达,金得火而缺,水得土而绝。"明确指出了五种自然物质的相克关系。对五行相生关系,先秦著作中未见明确记载,但从古人对四时气候及物候运转规律的认识来看,当时已经具备了五行相生次序的概念。直到后人逐步认清五行之间的相生相克关系,并将其广泛应用于解析自然界以及社会生活中的各种事务和现象的内在联系,这才标志着五行理论的完善。五行理论蕴含着古人的宇宙观,令人叹为观止的是,其在现代天体物理学中亦能找到印记,天体物理学家弗莱德·亚当斯和格里高利·拉夫林在《宇宙的五个年代》中把宇宙的发展变迁过程分为五个周期,第一个周期是原始纪元,从宇宙创始到 4 亿年后第一颗恒星诞生,对应的是五行的木,在中医理论中,人体的肝脏主木,具有造血的功能,这与这一周期宇宙内具有造星功能的原始星云有异曲同工之妙;第二个周期是恒星纪元,也是人类存续的周期,这一周期内恒星主宰宇宙,星系搅拌着星云,用星云气体创造新的恒星,数十亿年后星云气体的供给会后继乏力,新生的恒星越来越少,而已经诞生的恒星会用尽燃料,并逐一熄灭,星云气体耗尽后的几十亿年,星系中只有长命的红矮星还在发光,直到最后一颗恒星熄灭,标志着这一周期结束,这一周期对应的是五行的火,在中医理论中,人体的心主火,具有供血的功能,这与能量之源——恒星有着共通之处;第三个周期是简并纪元,这个周期内宇宙中释放能量的只有恒星的遗骸:白矮星,中子星和黑洞,除了黑洞,白矮星和中子星都是由各种简并压力支撑,在简并纪元里,随着时光的流逝,宇宙慢慢冷却,这一周期对应的是五行的土,中医理论里脾主土,起到过滤血液和消化排废的作用,同时脾气主升,胃气主降,这与简并压力起作用的方式相似;第四个周期是黑洞纪元,顾名思义,黑洞是这一周期的主角,史蒂芬·霍金用量子力学研究黑洞,发现黑洞确实会向外辐射能量,从而损失质量,当黑洞质量变小,它的蒸发速度就会加快,最后,黑洞会在一道闪光之后消逝,这是黑洞纪元唯一的光,这一周期对应的是金,中医理论中肺主金，承担的是呼吸吐纳之功能，这与黑洞不断吞噬和蒸发的原理互通；第五个周期是黑暗纪元，宇宙中只剩下能量极低的亚原子粒子和光子，理论上这个纪元将会延续到无穷。这一周期对应的是五行的水，中医理论中肾主水，人体的水液代谢包括两个方面：一是将水谷精微中具有濡养滋润脏腑组织作用的津液输布周身；二是将各脏腑组织代谢利用后的浊液排出体外。这两方面，均赖肾的气化作用才能完成，这种气化作用恰似宇宙进入黑暗纪元时暗流涌动的情形。但是，有没有奇迹发生，即一个光明的新宇宙会诞生呢？在量子物理学的视域下，我们的真空并不是一个最低能量状态，当宇宙在黑暗纪元沉睡无数年后，也许一小片空间因为不知何原因跌落到下一个能级——真正的真空，它会带动周围空间纷纷跌落。在这些跌落的空间中，物理定律将被重写，时间和空间将被抹去。这个区域迅速扩大，一个全新的宇宙诞生了，当然这只是一个猜想。

五行理论是管理 4.0 理论体系的基石，在 HARS 组织管理模型 & SORA 管理进程环中，木、火、土、金、水分别对应人类经济社会发展的五个阶段，在每一个发展历史阶段中，又可按阴阳思想分为工业化进程与管理体系演进，依次为工业 0.0 和管理 0.0 阶段、工业 1.0 和管理 1.0 阶段、工业 2.0 和管理 2.0 阶段、工业 3.0 和管理 3.0 阶段、工业 4.0 和管理 4.0 阶段。同时，在 HARS 管理 4.0 模型中，木、火、土、金、水又分别与儒家人本化管理、兵家分享化管理、墨家智能化管理、法家分享化管理、道家理性化管理相互印证。由此可见五行理论乃经世致用之学。

实战演练

明代书塾还原场景

摄于浙江遂昌汤显祖故居

孔子兴办私学

夏商周三代，整个中国的文化都是"学在官府"，这种情况到了春秋时期得以改变。随着周平王东迁，出现了历史上的"礼崩乐坏"时期，这一时期，原本固有的规章制度和社会秩序被打破，奴隶主贵族的特权受到了一定程度的冲击和动摇，尤其是长期被贵族阶层所垄断的教育领域也逐步褪去令平民子弟望而却步的华丽外衣，从政治层面来解读，维持"官学"所必需的稳定的社会结构和官方权威都已丧失；从经济层面来分析，政府已经没财力也没能力继续维持"官学"。

"官学"破产，一大批昔日在官方任职的文化人士随之"下岗"。这批文化人下岗之后，只好到民间去寻找"再就业"的机会。"官学"体系下的文化人"下岗"之后，既无定主，亦无恒产，只能靠自己掌握的知识和技能在民间谋生。如此一来，原本为贵族阶层所垄断和独享的学术文化活动也逐渐普及到民间。在文化人谋生的众多手段中，办私学的影响极其巨大，尤其是在春秋末期。鲁国乐师师襄子、郑国学者邓析、苌弘等人都曾兴办私学，收徒授业。平民子弟通过上这些文化大师创办的"培训班"，也学到了不少文化知识和技能。学习改变命运，相当多的人凭着努力学习，掌握了过硬的本领，一跃从平民变成了"士人"。

在这股"私学"热潮中，孔子兴办的私学脱颖而出，成为培养人才最多、对后世影响最大的一个教育学术团队。孔子办学，教学内容很广泛，有著名的"礼、乐、射、御、书、数"六艺。这六种本事既有人文学科的道德养成和艺术修养，如礼、乐，也有当时贵族日常生活所需要的基本技能，如射、御、书、数等。礼是指周礼，是周代贵族在不同场合所应展现出的威仪及各种日常行为规范，学礼的目的是为了养成高贵的品格和气质；乐，不光包括音乐，还涵盖文学、舞蹈等各种艺术，学"乐"是为了提高一个人的文化品位和艺术才华；射指射箭，这是当时贵族阶层的时尚运动；御是指驾车技术，那时候的学生跟孔子学御，就相当于现在的人去驾校学车考驾照；书是指书写，涵盖识字、阅读、文秘等内容；数是指基本的数学、物理知识，包括怎么记账、怎么丈量土地等。可以说，孔子的私学就是春秋末期最有名的综合性大学。

　　每年的毕业季，就业形势都会成为大学生们极为关心的话题。穿越到春秋时期，我们不禁要问：当年的学生跟着孔子学习，他们会不会为"就业问题"发愁呀？孔门弟子基本不用为"就业"问题发愁。原因很简单，有过硬的本领在身，任何时候都会成为就业市场上的宠儿。春秋时期，虽然讲门第，讲出身，但真正有本事的人还是会受到重视的。孔子的学生在当时很受欢迎，各诸侯国的政府部门都愿意聘用孔门弟子。比如，孔子的弟子曾西华很有外交才华，鲁国政府委任他为大使，出使齐国；子贡能言善辩，亦曾出使各国，对春秋末期的政治格局都造成了重要影响，子路、冉有更是成为鲁国执政官季康子的家宰，帮助季康子处理鲁国政事，相当于国务院总理的特别助理。

　　对于自己学生的德能，孔子也很自信，他表扬高徒冉雍，说："雍也可使南面。"意思是冉雍完全可以做一个诸侯国国君，而这个冉雍是个彻彻底底的"贫二代"。可见，很多平民子弟通过跟孔子学习，确实德能精进，堪当大任。

　　孔子办私学，除了培养出一大批才华杰出的弟子外，还为后世提供了永不褪色的价值范式和教学原则。孔子主张"有教无类"，他招收学生，不像"官学"那样讲究身份、门第，只要你愿意来学习，我就都愿意教，"自行束修以上，吾未尝无诲焉"。有人考证说，"束修"是肉干，弟子要跟着孔子学习，要献上几束的肉干做见面礼，也有人考证说，孔子所说的"束修"不是指肉干，而是指男子过了十五岁。但不管怎么说，有一点可以肯定：孔子创办的私学门槛极低，不用入学考试，也不用交高昂的学费（即便真交几束肉干，那也只是一种象征意义）。正因为门槛低，所以孔子的教学团队里才汇集了各种各样的人才。我们今天读《论语》，依然能感受得到孔门弟子身份之复杂，孟懿子和南宫敬叔是鲁国高官，子贡是名闻诸侯的富商，子路武功超群，闵子骞是著名的大孝子，子夏、子张是恂恂文士，而最受孔子称道的颜回是个彻彻底底的穷小子，去世之后家里都出不起安葬费，最后还是同学们安葬了他。

孔子为什么有这么大的魅力？他的教学效果为什么这么好？这也与他倡导"因材施教"的教育理念有关。同样的问题，不同的学生提问，孔子的回答各不相同。比如同样是"问仁"，颜回提问，孔子的回答是："克己复礼为仁。一日克己复礼，天下归仁焉。为仁由己，而由人乎哉？"颜再问："请问其目。"孔子回答："非礼勿视，非礼勿听，非礼勿言，非礼勿动。"我的感觉是，颜回道德水准最高，相应的，孔子对他的要求也就高；子贡也问同样的问题，孔子回答："工欲善其事，必先利其器。居是邦也，事其大夫之贤者，友其士之仁者。"子贡是儒商，能赚钱，有外交才华，经常在不同的国家活动。针对他的这些特点，孔子就教诲他到一个国家去，跟那个国家的贤大夫学习，同时与有仁德的士人做朋友；等冉雍"问仁"时，孔子的回答又变了："出门如见大宾，使民如承大祭。己所不欲，勿施于人。在邦无怨，在家无怨。"在这里，孔子又提出了"仁"的核心，即"恕道"——"己所不欲，勿施于人"。冉雍也是孔子一流的学生，所以孔子也把最核心的东西直接告诉了他。最有趣的是司马牛"问仁"，孔子的回答竟然是："仁者其言也讱。""讱"就是"有话慢慢说"，不急躁的意思,原来司马牛这个人"多言而躁",所以孔子才教他"切",不要太急躁。司马牛可能也被孔子的这个回答弄糊涂了,就又问:"其言也切,斯谓之仁乎?"意思是,说话慢一点就算仁了吗? 孔子回答:"为之难,言之得无切乎?"事情做起来不容易,说话的时候慢一点,考虑周到了再说不是很应该的吗? 你看,孔子教司马牛说话慢点,其核心不在说话速度之快慢,而在于"出言谨慎"。仅从"问仁"这一点,我们就可窥见孔子在教学中贯彻"因材施教"理念之一斑。

读《论语》,看孔子与弟子之间的问答,我们还可感受到,孔子所提倡的"仁、义、礼、智、信"等理念,并不是僵死的道德说教,而是因人因地因时因事而变的充满美感的生命状态和人生实践。孔子的教学于平实中蕴含智慧,于日常的待人处世中高扬慈悲情怀和人文理想。孔子自称"学而不厌,诲人不倦","学而不厌"是自立,"诲人不倦"是立人,正是"己欲立而立人,己欲达而达人"。这是一种真正的"仁者"情怀。在"有教无类""因材施教"之外,孔子还提出了启发式教学、学思结合、循序渐进、言行一致等许多充满智慧的教育观点,后人称他为"万世师表"真可谓是实至名归。

参考文献

［1］杨颉慧.论先秦"水"的哲学意蕴[J].华北水利水电学院学报.2006(4):106-109.

［2］闫林林译.尚书[M].北京联合出版公司,2015.

［3］边东子.国宝·同仁堂[M].人民出版社,2010.

［4］周止礼.阴阳与管理[J].殷都学刊,1992(2):20-23.

第三章

人本化管理：管理 4.0 的外延

一、人本：人本管理理念的外显化特征

引经据典

《三国演义》第七十三回

玄德安民已定，大赏三军，人心大悦。于是众将皆有推尊玄德为帝之心……建安二十四年秋七月，筑坛于沔阳，方圆九里，分布五方，各设旌旗仪仗。群臣皆依次序排列。许靖、法正请玄德登坛，进冠冕玺绶讫，面南而坐，受文武官员拜贺为汉中王。

《三国演义》对于刘备形象的刻画可谓是入木三分，尤其让人对他恪守"尊君爱民"信念的鲜明个性印象深刻。可以说，刘备的言行绝佳地诠释了人本化管理的思想精髓，并且将之巧妙转化为摧城拔寨的外显利器。在东汉末年刘汉皇室日渐衰危的形势下，刘备毅然打起了"匡扶汉室"的大旗，这不仅是他的与生俱来的汉

室宗亲的身份认同使然，更与儒家思想中的"敬天尊君"理念车轨共文，一大批对刘汉皇室仍然寄予殷切希望的仁人志士投到刘备帐下，其中最典型的一个例子就是诸葛亮，身怀殊世之才，欲择明主事之的他为蜀汉王朝的兴起立下汗马功劳。刘备还是儒家思想中的"民本"思想的奉行者，在被曹操击败被迫撤离新野的危急情势下，他仍执意让手下护送百姓撤离，我们姑且不讨论此举对于军事行动的影响，但不可否认的是由此而造就的良好口碑也为他入主蜀中奠定了坚实的民意基础。

理论探微

在管理4.0模型中，人本化管理处于外延的地位，是组织管理的"门面"，具有覆盖面广、影响力大的特征，既对组织成员具有广泛的溯及力，又能让组织外的人感受到"气场"。在现代组织管理中，人本化管理已经成为一大趋势，并且呈现出蓬勃的发展态势。

彼得·圣吉提出了著名的学习型组织"五项修炼"，并引领了西方管理学的发展新潮流。他在"建立共同愿景的修炼"部分中指出：要建立共同愿景的组织，就应该不断激励组织成员去开发个人愿景。如果大家没有自己的个人愿景，就只能"报名加入"别人的愿景，结果只有顺从，而不会有奉献和行愿。相反，大家都因为很强的个人志向而走到一起，产生有力的协同效益，以成就"我，或者我们，真心愿望的"未来。[1]事实上，"建立共同远景"的组织管理理念与儒家所倡导的"上应天时，下顺民心"的治理思想有异曲同工之妙。

在中国传统文化中，"天"被赋予了至高无上的地位，儒家的思想精髓之一为"敬天"，即认为天下的人和物皆披上苍之福泽，孔子对"天"有着独到而深刻的见解：首先，他认为"天"是万能的主宰者，但是孔子对于"天"的态度是实用主义的。对他而言，"天"不过是一个令人敬畏的主宰者，他真正关心的是人。孔子认为，"天"选择自己作为中国文化的传承者，作为一位伟大的人文主义者，他的关注点在人事上，他认为命运并不能够成为阻碍人实现梦想的绊脚石，人只有在尽了自己最大努力之后才能顺从命运的安排。孔子强调"天"借助各种自然现象向人们传递一些讯息，换句话说，他认为"天"能告诉人们应当如何行事和生活，由此可见，孔子重点关注的依然是人，而非"天"。[2]

实战演练

希尔顿酒店集团的人本管理与绿色经营

希尔顿酒店的愿景是：让世界充满阳光，让大家都感受到热情的温暖，提供与众不同的卓越体验，让每位宾客在每家酒店的每次住宿都倍感满意。其使命是：成为全世界最热情友好的公司，为宾客打造体贴周到的真诚体验，为团队成员提供意义非凡的机会，为业主创造高价值，并为我们的社区带来积极影响。希尔顿酒店集团是全球最顶级的酒店管理公司之一，目前该集团管理着405家酒店，在全球78个国家拥有超过7万名雇员，有10个不同层次的酒店品牌。

希尔顿于1887年生于美国新墨西哥州，其父去世时，只给年轻的希尔顿留下了2 000美元遗产。希尔顿加上自己的3 000美元，只身去克萨斯州买下了他的第一家旅馆。凭借着精确的眼光与良好的管理，很快希尔顿的资产就由5 000美元奇迹般地扩增到5 100万美元，他欣喜而又自豪地把这个好消息告诉了自己的母亲。可是，他的母亲却意味深长地对希尔顿说："照我看，你跟从前根本就没有什么两样，不同的只是你已经把领带弄脏了一些而已。事实上你必须把握比5 100万美元更值钱的东西，除了对顾客诚实之外，还要想办法使每一个住进希尔顿酒店的人住过了还想再来住，你要用这样一种简单、容易、不花本钱而行之可久的办法去吸引顾客。这样你的旅店才有前途！"

母亲的话让希尔顿猛然醒悟，自己的旅店确实面临着这样的问题，那么何种方法才能达到既简单、容易，又不花钱且能行之久远地吸引顾客呢？到底什么东西才比5 100万美元更值钱呢？希尔顿想了又想，始终没有想到一个好的答案。于是，他每天都到商店和旅店里参观，以顾客的身份来感受一切，他终于得到了答案：

微笑服务。只有微笑能达到简单、容易、不花本钱而行之可久这四个要求，也只有微笑才能发挥如此大的影响力。于是希尔顿规定出他经营旅馆的四大信条：微笑、信心、辛勤、眼光。他要求员工照此信条实践，他要求员工即使非常辛劳也必须对旅客保持微笑，就连他自己都随时保持微笑的姿态。从1919年到1976年，希尔顿旅馆从1家扩展到70家，遍布世界五大洲的各个城市，成为全球最大规模的旅店之一。即使在美国经济危机爆发的几年中，虽然有很多大旅馆倒闭，最后仅剩下20％的旅馆，但是在这样残酷的环境中，希尔顿旅馆的服务人员依然保持着微笑。因此，经济危机引起的大萧条一过去，希尔顿旅馆就率先进入了黄金时代，并将触角延伸到世界各地。希尔顿旅馆总公司的董事长,89岁高龄的希尔顿在这五十多年里,不断到他分设在各国的希尔顿旅馆,每天至少与一家希尔顿旅馆的服务人员接触,他向各级人员(从总经理到服务员)问得最多的一句话,必定是:"你今天对客人微笑了没有?"57年来,希尔顿旅馆生意如此之好,财富增加得如此之快,其成功的秘诀之一就是服务人员的"微笑的影响力"。微笑,是一个人内心真诚的外露,它具有难以估量的社会价值,它可以创造难以估量的财富。正如卡耐基所说:"微笑,它并不花费什么,但却创造了很多成果。它丰富了那些接受的人,而又不使给予的人变得贫瘠。它在一刹那间产生,却给人留下永恒的记忆。"

　　希尔顿在中国发展了25年,截至2011年11月在华只拥有17家酒店,但同年宣布的4年发展计划中,有一项在珠三角打造一家"亚洲最大绿色生态酒店"引人注目,且已经确定了项目和合作方。但希尔顿酒店官方并没有公布"亚洲最大绿色生态酒店"确切选址,只是强调选址于珠三角有山有水的地方,同时是未来影响世界的富人区,更是希尔顿在中国寻寻觅觅20多年方得的一片净土。2012年6月,亚洲最大的绿色生态酒店之一希尔顿逸林正式落户东莞市黄江镇金地湖山大境,并在项目地举行盛大的伯爵—希尔顿逸林酒店落户签约仪式新闻发布会。逸林希尔顿(Double-Tree by Hilton)是其时尚高端品牌之一,旨在为当今商旅人士及度假游客提供真正的舒适享受。2014年12月,该酒店正式封顶并于2015年年底投入使用。

二、万有引力：需求层次论与人本管理

引经据典

《三国演义》第一回

人情势利古犹今，谁识英雄是白身？

次日，于桃园中，备下乌牛白马祭礼等项，三人焚香再拜而说誓曰："念刘备、关羽、张飞，虽然异姓，既结为兄弟，则同心协力，救困扶危，上报国家，下安黎庶。不求同年同月同日生，只愿同年同月同日死。皇天后土，实鉴此心。背义忘恩，天人共戮！"誓毕，拜玄德为兄，关羽次之，张飞为弟。祭罢天地，复宰牛设酒，聚乡中勇士，得三百余人，就桃园中痛饮一醉。

在三国演义中，有一个凝聚力和战斗力都非比寻常的超级团队，那就是刘备、关羽、张飞、孔明、赵云组成的蜀汉核心团队，其中的孔明和赵云虽然属于"半路出家"，但是仍然完美地融入了原有的刘、关、张三人团队之中，进而组成了一个在"三国"中首屈一指的团队，因为此团队源于桃园，故命名该团队为桃园团队。按照五行理论分析，这五个人物分别对应五行中的木、土、火、水、金的属性，形成了一个相生相克的相对稳定而平衡的循环，身为汉室宗亲的刘备始终秉持敬天礼人的儒家理念，他竭力维护汉室正统地位，极为注重仁义道德；关羽的处世哲学是融道利器的墨家思想，他坚持克己修身的行为方式，长于磨砺克敌制胜的"必杀技"；张飞诠释了兵家的求精思想内涵，善于"不战而屈人之兵"，注重对敌人心理上的震慑；孔明的思想内核是道家的顺势善为，常有以"借"为名的神来之笔，并且也能精准预见天下大势；赵云是坚定的法家尚简思想的奉行者，在情、理、法中取舍有度，重视均衡治理策略。当然正如人必然要走向消亡，团队亦然，当关、张、刘先后离开团队后，关兴、张苞、刘禅成为递补成员，但桃园团队的实力已大不如前，蜀汉的国运亦与此团队的兴衰休戚相关。

理论探微

从需求层次论的角度分析，张飞酷爱酗酒啖肉，具有较明显的生理需求特征；孔明善于运用抚琴等非语言沟通方式，而且对于自动化程度很高的"木牛流马"驾驭自如，具有较明显的隐形沟通和显性沟通需求特征；赵云对于主公赤胆忠心，始终与团队成员保持良好关系，高度注重团队的稳定和融洽，具有明显的安稳需求特征；刘备十分注重手足情谊、同胞之爱，具有明显的社交与爱的需求；关羽视尊严和声誉如同生命，具有明显的尊重与赞美的需求；刘备同时又始终不忘光复汉室的崇高使命，具有典型的自我实现需求特征。当然，这六种需求对于团队成员而言不是一成不变的，但保持总体稳定和平衡的态势，对团队高效运转起到驱动作用。

牛顿在《自然哲学的数学原理》的总释部分指出，有一种力起源于某个原因，它深入太阳和行星的中心，能力没有减小；且那种作用不与它在其上作用（如通常力学的原因）的表面上的小部分的量成比例，而与立体中的物质的量呈比例，且其作用在每个方向被

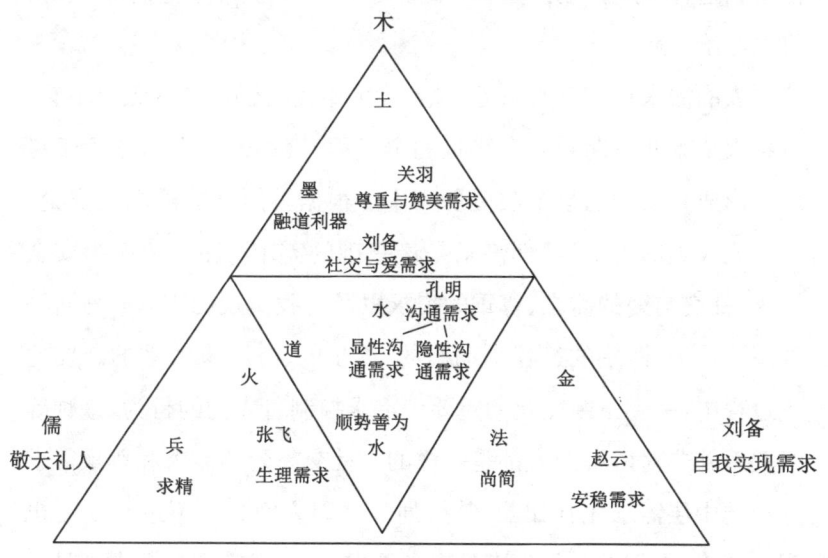

图3.1 伍德需求层次模型

延伸到巨大的距离,总按照距离的二次比减小。牛顿通过这段略显模糊的阐述,概括了万有引力的特征,虽然未能以公式的形式来呈现,也没有充分的实验数据作支撑,但却标志着万有引力的正式提出。[3]

让人略感惊讶的是,素以严谨著称的牛顿,在书的最后将这种略带神秘色彩的力和气挂上了钩,他认为这种气极为精细,对非生命体和生命体都能产生影响,它能侵入粗大的非生命体并隐匿其中,由于它的力和作用,物体的小部分在极短的距离相互吸引;在生命体中,这种气通过振动起作用,沿着神经纤维从外部感觉器官传播到脑,再由脑传入肌肉。显而易见,牛顿在书中提到的气和亚里士多德描述的气之间有着千丝万缕的联系,问题的关键在于如何证明这种气起作用的定律，未知何故，牛顿放弃了这种尝试，而将之抛给了后人。

人的需求正如万有引力一般，无人不需、无处不在、无时不有，贯穿人从胎儿时期到生命终点的全过程，恰如万有引力作用于星球从形成到消亡的整个演变历程中。根据马斯洛的需求层次论，人有五大类的需求，生理需求是最基础的需求，往上依次为安全需求、社交与爱的需求、尊重的需求以及自我实现的需求，马斯洛的理论认为，激励的过程是动态的、逐步的、有因果关系的。在这一过程中，一套不断变化的重要的需求控制着人们的行为，这种等级关系并非对所有的人都是一样的。社交与爱的需求和尊重需求这样的中层需求尤其如此，其排列顺序因人而异。不过马斯洛也明确指出，人们总是优先满足生理需求，而自我实现的需求则是最难以满足的。笔者在马斯洛需求层次论的基础上，紧扣信息时代的脉动，独创性地提出了人的第六大需求，即沟通的需求，这是介于生理需求和安全需求之间的人的又一大需求，并且拓展尊重需求为尊重与赞美需求，因为人在内心深处都渴望得到赞美，这是有别于受尊重的。这种新的需求层次论不仅在原有基础上有所创新，而且因其贴近我们每个人的实际而容易被理解和接受。

对食物、水、空气和居所等的需求都是生理需求，这类需求的级别最低，人们在转向较高层次的需求之前，总是尽力满足这类需求。一个人在饥饿时不会对食物以外的其他任何事感兴趣，他的主要动力是得到食物。即使在今天，还有许多人不能满足这些基本的生理需求。管理人员应该明白，如果员工还在为生理需求而忙碌时，他们所真正关心的问题就与他们所做的工作无关。当致力于用满足这类需求来激励下属时，我们是基于这种假设，即人们为报酬而工作，主要关于收入、舒适等，所以激励时试图利用增加工资、改善劳动条件、给予更多的业余时间和工间休息、提高福利待遇等来激励员工。

在信息时代，人的需求已经在五大方面的基础上有了拓展，其中很重要的一项需求得到了激发，那就是沟通的需求，需要注意的是，沟通的需求与社交和爱的需求是有着本质区别的，其介于生理需求和安全需求之间，这里所说的沟通，主要指的是下文将详细阐释的隐性沟通。这种需求和牛顿提出的普遍存在于生命体和非生命体之中的气之间有着微妙的联系，按照他所阐述的"气的振动"现象，这是一种由于生命体受外部感官影响（看到、听到、嗅到、触到），进而振动的气通过神经纤维传输到脑部，再由脑传入肌肉、心脏的最重要组成部分——心肌具有传导性的特性，因此这种振动作用很容易通过心肌的传导引发内心深处与外部刺激的交感，从而衍生出隐性沟通需求。关于隐性沟通需求，我们在前文已有所表述。

安全需求包括对生活稳定以及免遭痛苦、威胁或疾病等的需求。对许多员工而言，安全需求表现为安全而稳定以及有医疗保险、失业保险和退休福利等。主要受安全需求激励的人，在评估职业时，主要把它看作不致失去基本需求满足的保障。如果管理人员认为对员工来说安全需求最重要，他们就在管理中着重利用这种需要，强调规章制度、职业保障、福利待遇，并保障员工不致失业。

社交需求包括对友谊、爱情以及隶属关系的需求。社交与爱的需要如果得不到满足,就会影响员工的精神,导致高缺勤率、低生产率、对工作不满及情绪低落。管理者必须意识到,当社交需求成为主要的激励源时,工作被人们视为寻找和建立温馨和谐人际关系的机会,能够提供同事间社交往来机会的职业会受到重视。管理者感到下属努力追求满足这类需求时,通常会采取支持与赞许的态度,十分强调能为共事的人所接受,开展有组织的体育比赛和集体聚会等业务活动,并且遵从集体行为规范。

尊重需求既包括对成就或自我价值的个人感觉,也包括他人对自己的认可与尊重。有尊重需求的人希望别人按照他们的实际形象来接受他们,并认为他们有能力,能胜任工作。他们关心的是成就、名声、地位和晋升机会。这是由于别人认识到他们的才能而得到的。当他们得到这些时,不仅赢得了人们的尊重,同时就其内心因对自己价值的满足而充满自信。如果不能满足这类需求,就会使他们感到沮丧。如果别人给予的荣誉不是根据其真才实学,而是徒有虚名,也会对他们的心理构成威胁。在激励员工时应特别注意有尊重需求的管理人员,应采取公开奖励和表扬的方式。布置工作要特别强调工作的艰巨性以及成功所需要的高超技巧等。颁发荣誉奖章、公布优秀员工光荣榜等手段都可以提高人们对自己工作的自豪感。除了受尊重的需求之外,人类还天生有被赞美的需求,比如一名女士,无论年纪大小,地位高低,总是渴望能有人对她的外貌表示赞美,至于男性,更为关注的是他人对自己个人魅力方面的赞美。因此,把握住人们的这一需求,适时向对方送出赞美之词，不失为一项能够以小博大的管理技术。

自我实现需求的目标是自我实现，或是发挥潜能。达到自我实现境界的人，接受自己也接受他人。解决问题能力增强，自觉性提高，善于独立处事，要求不受打扰地独处。要满足这种尽量发挥自己才能的需求，他应该已在某个时刻部分地满足了其他的需求。自我实现需求占支配地位的人，会受到激励在工作中运用最富于创造性和建设性的技巧。重视这种需求的管理者会认识到，无论哪种工作都可以进行创新，创造性并非管理人员独有，而是每个人都期望拥有的。为了使工作有意义，强调自我实现的管理者，会在设计工作时考虑运用适应复杂情况的策略，会给身怀绝技的人委派特别任务以施展才华，或者在设计工作程序和制定执行计划时为员工群体留有余地。

实战演练

腾讯五虎将

腾讯的创业5兄弟，堪称难得，其理性堪称标本。12年前的那个秋天，马化腾与他的同学张志东"合资"注册了深圳腾讯计算机系统有限公司。之后又吸纳了三位股东：曾李青、许晨晔、陈一丹。这5个创始人的QQ号，据说是从10001～10005。

为避免彼此争夺权力，马化腾在创立腾讯之初就和四个伙伴约定清楚：各展所长、各管一摊。马化腾是CEO（首席执行官），张志东是CTO（首席技术官），曾李青是COO（首席运营官），许晨晔是CIO（首席信息官），陈一丹是CAO（首席行政官）。

　　之所以将创业5兄弟称之为"难得"，是因为直到2005年的时候，这五人的创始团队还基本是保持这样的合作阵形，不离不弃。直到腾讯做到如今的帝国局面，其中4个还在公司一线，只有COO曾李青挂着终身顾问的虚职而退休。

　　在企业迅速壮大的过程中，要保持创始人团队的稳定合作尤其不容易。在这个背后，工程师出身的马化腾从一开始对于合作框架的理性设计功不可没。从股份构成上来看。5个人一共凑了50万元，其中马化腾出了23.75万元，占了47.5%的股份；张志东出了10万元，占20%；曾李青出了6.25万元，占12.5%的股份；其他两人各出5万元，各占10%的股份。虽然主要资金都由马所出，他却自愿把所占的股份降到一半以下，47.5%。"要他们的总和比我多一点点，不要形成一种垄断、独裁的局面。"而同时，他自己又一定要出主要的资金，占大股。"如果没有一个主心骨，股份大家平分，到时候也肯定会出问题，同样完蛋"。

　　保持稳定的另一个关键因素，就在于搭档之间的"合理组合"。据《中国互联网史》作者林军回忆说，"马化腾非常聪明，但非常固执，注重用户体验，愿意从普通的用户的角度去看产品。张志东是脑袋非常活跃，对技术很沉迷的一个人。马化腾技术上也非常好，但是他的长处是能够把很多事情简单化，而张志东更多是把一个事情做得完美化。"许晨晔和马化腾、张志东同为深圳大学计算机系的同学，他是一个非常随和而有自己的观点，但不轻易表达的人，是有名的"好好先生"。而陈一丹是马化腾在深圳中学时的同学，后来也就读深圳大学，他十分严谨，同时又是一个非常张扬的人,他能在不同的状态下激起大家的激情。如果说,其他几位合作者都只是"搭档级人物"的话,曾李青则是腾讯5个创始人中最好玩、最开放、最具激情和感召力的一个,与温和的马化腾、爱好技术的张志东相比,是另一个类型。其大开大合的性格,也比马化腾更具备攻击性,更像拿主意的人。不过或许正是这一点,也导致他最早脱离了团队,单独创业。

后来,马化腾在接受多家媒体的联合采访时承认,他最开始也考虑过和张志东、曾李青三个人均分股份的方法,但最后还是采取了5人创业团队,根据分工占据不同的股份结构的策略。即便是后来有人想加钱、占更大的股份,马化腾也说不行,"根据我对你能力的判断,你不适合拿更多的股份"。因为在马化腾看来,未来的潜力要和应有的股份匹配,不匹配就要出问题。如果拿大股的不干事,干事的股份又少,矛盾就会发生。当然,经过几次稀释,最后他们上市所持有的股份比例只有当初的1/3,但即便是这样,他们每个人的身价都还是达到了数十亿元人民币,是一个皆大欢喜的结局。

可以说,在中国的民营企业中,能够像马化腾这样,既包容又拉拢,选择性格不同、各有特长的人组成一个创业团队,并在成功开拓局面后还能依旧保持着长期默契合作,是很少见的。而马化腾成功之处,就在于其从一开始就很好地设计了创业团队的责、权、利,能力越大,责任越大,权力越大,收益也就越大。

三、组织文化与管理

隆 中 对

　　自董卓造逆以来，天下豪杰并起。曹操势不及袁绍，而竟能克绍者，非惟天时，仰亦人谋也。今操已拥百万之众，挟天子以令诸侯，此诚不可与争锋。孙权据有江东，已历三世，国险而民附，此可用为援而不可图也。荆州北据汉、沔，利尽南海，东连吴会，西通巴、蜀，此用武之地，非其主不能守。是殆天所以资将军，将军岂有意乎？益州险塞，沃野千里，天府之国，高祖因之以成帝业。今刘璋暗弱，民殷国富，而不知存恤，智能之士，思得明君。将军既帝室之胄，信义著于四海，总揽英雄，思贤如渴。如跨有荆、益，保其岩阻，西和诸戎，南抚彝越，外结孙权，内修政理；待天下有变，则命一上将将荆州之兵以向宛、洛，将军身率益州之众以出秦川，百姓有不箪食壶浆以迎将军者乎？诚如是，则大业可成，汉室可兴矣。将军欲成霸业，北让曹操占天时，南让孙权占地利，将军可占人和。先取荆州为家，后即取西川建基业，以成鼎足之势，然后可图中原也。

　　孔明的《隆中对》全文只字未提刘备的"称帝"大业，其实这蕴含着浓郁的忠君意识和深刻的法理思想,因为在身为玄门正宗的东汉皇室尚存的情况下,建立独立于中央政府的割据政权是"大逆不道"的,同时在法理上也难以自圆其说。事实上,《隆中对》勾勒的是一幅一个势微的中央领导核心和三大地方势力并存的政治军事版图,即东汉集团、曹魏集团、东吴集团和西蜀集团,四股政治军事势力错综交织,相互博弈又彼此制衡。从各自特性而言,在这四大政治军事组织之中,东汉集团最为内敛,曹魏集团最为强势,东吴集团最为稳健,西蜀集团最为灵动,分别对应氧化型、野性型、沉稳型和灵动型的组织文化,这四大组织各自的核心——汉献帝、曹操、孙权和刘备分别具有抑郁质、胆汁质、粘液质和多血质的个性气质。

理论探微

　　根据古希腊学者提出的理论,人因为四种不同的血液类型而被分为多血质、胆汁质、粘液质、抑郁质四种类型,我们知道,企业家或者说一个组织的核心领导的性格气质决定着一个企业或组织的文化特质,因此企业或者组织也可以因为不同的企业文化特质而被归入不同类型,具体可以分为灵动型、野性型、沉稳型、氧化型。比如在中国各地蓬勃发展的中医院,其文化特质就属于沉稳型,强大而绵长的中医文化对整个医院的运作起到核心驱动作用,并将处于这个组织当中的每一个成员都吸纳到其中,进而使整个组织实现合理有序可持续发展。

表 3.3　个性气质与组织文化关系图

个性气质	多血质	胆汁质	粘液质	抑郁质
衍生气质	灵动质	野性质	沉稳质	氧化质
特　性	机敏 灵活	冒险 果断	平和 慎重	敏感 脆弱
组织文化	灵动型	野性型	沉稳型	氧化型
特　性	灵动如水	粗糙简练	包容绵长	内敛善变

　　组织文化是一个组织的核心和灵魂，一个企业从诞生的那天起就具备了自身的文化特质，根据笔者在人的个性气质分类的基础上提出的组织文化类型理论，组织可因不同的特性被划分为灵动型、野性型、沉稳型和氧化型，如一些中小型企业，尤其是外向型经济领域或是 IT 领域的公司，其文化特质多属于灵动型，特点是灵动如水而不拘于冗节；野性型的公司与企业家的个人特质联系尤为密切，这类企业家多出身草根，江湖气重，不重细节，他建立起的企业的文化特质也如出一辙，粗糙简练且野性十足；沉稳型的企业多具有深厚的文化积淀，并不是由于某个企业家的个性而使然，常见于历史悠久的传统行业或一些百年老店，这种企业的文化特质是包容绵长，而且自我修复能力强，具有生生不息的生命力；氧化型的企业的特征是受外界环境影响较大，用一个形象的比喻，就像一个意志不坚定的人，其思想容易在外部力量的作用下而变得飘忽不定，这种企业文化是最不利于组织的稳步发展的。[4]

实战演练

沃尔玛

摄于浙江丽水金汇广场

萨姆·沃尔顿是 20 世纪最负盛名的商界领袖之一。他亲手创立的零售业巨头沃尔玛公司，长年稳居世界 500 强企业的前列；沃尔顿家族也因此成为全球顶级富豪榜中最闪亮的名字。

沃尔玛具有活泼而不失幽默的企业文化，以及这种文化在公司内部创造的和谐氛围。沃尔顿一手创造的这种独特文化，是沃尔玛管理制度的灵魂所在，更是其长盛不衰的秘诀之一。

"工作时吹口哨"的管理哲学

在周六早晨 7：30 聚集几百个管理人员、经理和员工来讨论业务，这么做的公司不太多。以董事长带头呼叫鼓劲的口号来开始会议的公司就更罕见了。但那正是萨姆最喜欢用的方式，你或许得身临其境才能感受到那种气氛及效果。

在巡视商店时，萨姆喊的则是另一种口号，他们自己的沃尔玛口号。不久前，当布什前总统夫妇来参观时，员工们呼喊口号向其致意，不过他们似乎还不习惯这种表示热情的方式：

一个沃！一个尔！一个玛！

那是什么？沃尔玛！

谁是上帝？顾客！

正因为工作非常辛苦，沃尔玛人才不能整天绷着脸，一副心事重重的样子。在沃尔玛公司，如果有重要的业务问题，可以在星期六早上的会议中提出来，以便大家集思广益。但沃尔玛人在开这样的会议时，气氛总是轻松愉快的，这就是所谓"工作时吹口哨"的管理哲学。沃尔玛使大家感到自己是一个大家庭的一部分，在这儿没有谁高人一等，或者因为有带头喊口号的权利而自鸣得意，或者是成为被嘲笑的对象，或者成为吐柿籽比赛中的目标。

会"玩"才会工作

在局外人眼中，沃尔玛人与众不同。1984年，萨姆打赌输给了财务总管戴维·格拉斯，按照约定得穿上草裙在华尔街上跳舞。萨姆原本想，对方准会在一旁拍下录像，然后向所有人证明萨姆没有食言。但当萨姆到了那儿时，却发现戴维雇来了一卡车草裙舞演员和四弦琴演奏者，而且还通知了报界和电视网。于是，萨姆戴着花环，跳起了自认为还不算太蹩脚的草裙舞。这幅画面——来自阿肯色州的一位疯疯癫癫的董事长穿着滑稽的装束——实在是太奇特了，一夜之间便传遍了全国。

多数人也许会认为，沃尔玛有一个行事癫狂的董事长，喜欢玩弄一些无聊的宣传噱头。但他们不知道，这类事在沃尔玛公司寻常得很。它是沃尔玛文化的一部分，融入沃尔玛人身边的一切事物中。星期六早晨的会议，或股东大会，或商店开业典礼，或平常的日子，沃尔玛人总是尽量使生活变得意趣盎然，使沃尔玛公司成为快乐之地。

此类古怪行为有时可能显得相当粗俗或矫揉造作，但沃尔玛人毫不在乎。的确，如果一位副总经理穿着粉红色紧身衣，戴着长长的棕色假发，骑着一匹白马奔跑，那是有点儿好笑；可是查利·塞尔夫1987年就这么做过，因为他在会议中与人打赌，认为当年12月的销售额不会超过13亿美元，结果输了。

把一头猪作为礼物送给你的总经理，肯定会把他吓一跳，可那正是公司会员店在一次销售竞赛会议上对戴维所做的事。他们原本打算给他一张猪皮，结果却决定，为什么不干脆给他一头猪呢？另外，有多少资产达500亿美元的公司会让他们的总经理穿上工装裤，戴上草帽，骑着驴在停车场上兜风呢？但沃尔玛人却让戴维在接受《财富》杂志采访时这么做了——当沃尔玛的竞争者拿到《折价商店新闻》，一眼在封页上瞧见沃尔玛的总经理骑在驴上时，天知道他们会有何感想？

稀奇古怪的点子层出不穷

沃尔玛的繁荣得益于美国小城镇的传统，尤其是乐队的游行、带头呼口号、操列队和彩车。多数人都是在这种环境下成长起来的，而且沃尔玛人发现，当一个人成年并开始工作后，反而会觉得这些活动更有趣了。

有一年，在乔治·华盛顿诞辰纪念日，地区经理菲尔·格林登了一则广告，说他的商店将出售一台 22 美分的电视机。菲尔把它藏在店内某处，谁先找到，谁就拥有它。结果，当菲尔第二天早晨来到商店时，发现那里人山人海，连店门也看不到，他们的人只能从后门进去。当前门打开时，那乱哄哄的场面真令人难以置信：五六百人为了寻找那台 22 美分的电视机，把商店翻了个底朝天。菲尔那天的生意好得惊人，但整个商店实在混乱不堪，因此他不得不承认，这种捉迷藏式的购物法的确太可怕了。

虽然事业日益发展壮大，沃尔玛人始终坚持让商店保持轻松愉快的气氛，沃尔玛人希望员工和管理层团结一致，亲如一家。[5]

参考书目

［1］彼得·圣吉.五项修炼［M］.北京:中信出版社,2009.

［2］吴倩雯,等.浅析"天"在孔子思想中的含义［J］.语言与文化研究,2010(2).

［3］艾萨克·牛顿著.赵振江译,自然哲学的数学原理［M］.北京:商务印书馆,2006.

［4］吴斌.桃子管理［M］.北京:经济日报出版社,2016.

［5］萨顿·沃尔顿,萨姆·沃尔顿自传［M］.北京:中国社会科学出版社,2008.

第四章

敬天礼人：儒家管理范式

一、儒家：天人观

《三国演义》第四十一回

临难仁心存百姓，登舟挥泪动三军。至今凭吊襄江口，父老犹然忆使君。

却说玄德同行军民十余万，大小车辆千辆，挑担背包者不计其数。路过刘表之墓，玄德率众将拜于墓前，哭告曰："辱弟备无德无才，负兄寄托之重，罪在备一身，与百姓无干。望兄英灵，垂救荆襄之民！"言甚悲切，军民无不下泪。忽哨马报曰："曹操大军已屯樊城，使人收拾船筏，即日渡江赶来也。"众将皆曰："江陵要地，足可拒守。今拥民众数万，日行十余里，似此几时得到江陵？倘曹兵到，如何迎敌？不如暂弃百姓，先行为上。"玄德泣曰："举大事者必以人为本。今人归我，奈何弃之？"百姓闻玄德此言，莫不伤感。

天人观的精髓是天人合一，这正如处于战争中的军和民，要实现深度融合,方能无往不利,虽贵为皇族后裔但却出身寒微的刘备自然深谙此道。刘备起事打的是"匡扶汉室"的旗号,东汉末年汉室衰微,但依然是玄门正宗,在民间还是拥有广泛的影响力和号召力,正所谓"上承天意,下顺民心",刘备视治下的黎民百姓为汉室子民,无论情势多么危急必当倾力护佑。因此,在曹军兵锋抵达樊城之际,刘备毫不犹豫地偕同十余万随迁百姓且战且退,相信读者肯定为刘备的这一战略决策捏一把汗,这一决策虽然从近期来看会使自己陷入被动局面,但从长远来看却不失为收服人心的一招妙棋,也为汉室王朝的延续奠定了民意基础,较好地诠释了天人合一的理念。

理论探微

儒家强调的伦理秩序是"天、地、君、亲、师",这五者按权重来分析是逐级递减的关系,其中的君、亲、师都是人,可见"人"的地位在儒家思想中是很高的。

儒家思想最早把人们的视野从"天"转向了"人",主张"仁"道,并提出了"仁者爱人""己欲立而立人,己欲达而达人""己所不欲,勿施于人"等基本伦理准则。孔子所着重分析的,正是己与人、人与人的关系,是一种将心比心、推己及人的精神。孔子之后,"仁"与"爱人"的思想由孟子继续发扬开来,他明确指出:"民为贵,社稷次之,君为轻。""君之视臣如手足,则臣视君如腹心;君之视臣如犬马,则臣视君如国人;君之视臣如草芥,则臣视君如寇仇。"他还特别强调了"人"和"人心"在国家治理中的作用,提出"多道得助,失道寡助,寡助之至,亲戚畔之,多助之至,天下顺之""天时不如地利,地利不如人和"。这些都深刻地体现了儒家思想中原始的人本主义思想，已经具备了人文关怀的内涵。

讲到儒家的天人观治理思想，我们不得不提及被尊为儒家"六经之首"的《易经》，孔子在《易经》方面的贡献更是前无古人后无来者。孔子在鲁国任太宰时，开始接触到被视为国家最高机密的《周易》，从此对《周易》产生了浓厚的兴趣，爱不释手，须臾不离，"居则在席，行则在囊"，"读《易》韦编三绝"。他对《周易》给以充分肯定，并大加赞扬。并专门著述了《周易大传》简称《易传》。共七种十篇。对《周易》进行历史性的解释，成为对《周易》最权威最经典的解释，是学《易》必读之作。

《易经》的第一卦即为乾卦，在这一卦中，从初九位的潜龙勿用直到上九位的亢龙有悔的六个爻中，紧密围绕的都是天和人之间的辩证关系，在《易经》中反复出现的"龙"实际上很大程度是现实当中的"君子"的写照，乾卦的初九爻，潜龙勿用，常被用于劝诫急于施展拳脚的君子应当锋芒尽藏，实行韬光养晦的战略，静待时机降临；九二爻，见龙在田，利见大人，寓意为君子崭露头角、锋芒初显，但需上承下应、低持不骄，方有大成；九三爻，君子终日乾乾，夕惕若，厉无咎，此意为君子应勤勉警惕，夙兴夜寐，增进道德，治理事业，在处于承上启下的关键节点，更不容一丝懈怠；九四爻，或跃在渊，无咎，此阶段的君子可尝试上下进退，不断进行自我调整，但要把握稳中求进的基调，尤其要注重充分依靠民众的力量，这样才能促成飞跃；九五爻，飞龙在天，利见大人，在这一卦中，君子恰逢天人相和的绝佳时机，可大展宏图、无所羁绊，是建功立业的黄金时期；上九爻，亢龙有悔，这一卦应了物极必反之理，君子应防范急躁冒进的势头出现，审时度势、顺势而为，切不可逞一时之快而忘却初衷，如能注重修身反省，则可以转危为安、巩固成果；用九爻，见群龙无首，吉，这一爻兼具乾坤两卦之妙处，天地交融，平衡相济，君子即使处于上位，亦应当秉持平易谦逊、礼贤下士的态势，这样才能确保治下的长治久安。

实战演练

侠　客　行

［唐］李白

赵客缦胡缨，吴钩霜雪明。银鞍照白马，飒沓如流星。
十步杀一人，千里不留行。事了拂衣去，深藏身与名。
闲过信陵饮，脱剑膝前横。将炙啖朱亥，持觞劝侯嬴。
三杯吐然诺，五岳倒为轻。眼花耳热后，意气紫霓生。
救赵挥金锤，邯郸先震惊。千秋二壮士，烜赫大梁城。
纵死侠骨香，不惭世上英。谁能书阁下，白首太玄经。

秦杜虎符　陕西历史博物馆馆藏文物
来源：陕西历史博物馆官网

信陵君礼贤下士

信陵君，名无忌，他是魏昭王最小的儿子。其兄圉即位为魏安釐王，无忌以信陵（今河南省宁陵西）为封邑，所以史书称他为信陵君。信陵君的一生，以养士闻名天下。

他所生活的战国时期，奴隶制已经解体，封建制在各诸侯国中逐步确立，并且急遽地朝着封建大一统过渡。适应这种政治现实，士阶层迅速脱颖而出，他们凭借深厚的文化修养，机敏的策略头脑，甚至好勇斗狠的性格、鸡鸣狗盗的技巧，给予社会政治以强有力的影响，仅仅在很短的时间里，就一跃成为政治舞台上的主角，令那些不可一世的君主、豪奢跋扈的王公贵族刮目相看。值此之际，用士者昌，弃士者亡，对于国家如此，对于家族，甚而某个个人，亦无不如此。所以，当时社会兴起了前所未有的养士之风，士阶层在我国历史上受到空前绝后的高度重视。以诸侯言之，秦国先后起用过商鞅、张仪、范雎、李斯等人，其余六国则委李悝、吴起等人以重任，苏秦还曾独挂过六国相印。至于一般王公贵族，更是倾其封地所有，广泛搜罗贤人良士，虽仅有一技之能，也在所不遗。当时以养士闻名于世者，有所谓四公子，即齐国孟尝君，赵国平原君，楚国春申君，魏国信陵君，他们各自养士三千人以上。千古以来，传为佳话。信陵君养士，在根本目的上与平原、孟尝、春申等人不同。平原君等人养士大多出于一己私利，似乎并不怎么关心国家的命运。尤其是孟尝君，虽然养着三千以上的门客，却不过靠他们经营自己在薛的封地，稳固自己在齐国的政坛地位，实与他的国家毫不相干。而当他的地位受到威胁时，甚至不惜带领门客投奔魏国，西合秦、赵，与燕共伐破齐。与之相反，信陵君养士却是与他的祖国息息相关，他不是通过养士培植个人势力，而是利用他们为保卫国家安全、维护国家利益服务。明代王世贞说："三公之好士也，以自张也；信陵之好士也，以存魏也，乌乎同！"这是颇有见地的。信陵君所在的魏国，原本是中原地区的一个强国，当它初立为诸侯之时，曾经多次打败过秦、楚、齐、赵等列强。可是，自魏惠王开始，便出现了走下坡路的趋势，待到安釐王即位，国力早已大衰，不仅屡屡受到周围诸侯的侵扰，而且还要经常割地奉秦，以换取暂且的安宁。为了使祖国免遭危亡的厄运，信陵君常常派遣他的门客刺探各国动向，以便应付可能发生的入侵。一次，他与魏王下棋，北部边境传报赵国寇边，将入国界。魏王大惊，信陵君从容不迫地告诉他，这是赵王在打猎，不是入侵。原来，他的门客有能探得赵王阴事者，赵王的一举一动，都能随时汇报到信陵君这儿来，这就使信陵君及整个魏国时刻处在有准备的状态中。这虽是一件小事，却表明信陵君的门客对于国家安全确实具有重要意义。正是由于信陵君多客，而且用客以保国，方使得魏国灭亡的速度有所减慢。《史记》本传说：当是时，诸侯以公子贤，多客，不敢加兵谋魏十余年，这虽然可能有些夸张，但是，就信陵君及其门客确曾在保卫祖国的斗争中发挥过重要的作用，这一点却是与事实十分相符的。

当时形势，秦国最强，齐、楚、燕、赵、魏等国均已不同程度地走向衰微，普遍面临着来自秦国的威胁。对于这个形势，信陵君有着相当清醒的认识。一次，魏王因齐、楚联合攻魏，魏国曾得到秦国的救援，便欲亲秦而伐韩，顺便索回韩国曾占去的故地。信陵君从维护本国的利益出发，立即加以谏止，指出秦国有虎狼之心，非尽亡天下之国而臣海内，必不休矣，韩国介于秦、魏之间，韩存，则魏有一屏障，韩亡，则秦可直接攻魏，魏亡不远矣！所以坚决主张与楚、赵结盟，共同救韩，以此扼制秦对六国的蚕食，保障本国安全。这个见解，在当时是非常精辟的。正是基于这种策略考虑，信陵君做出了他一生中最辉煌的壮举——窃符救赵。窃符救赵发生于公元前 257 年。三年前，秦兵进攻赵地长平，坑杀赵卒四十万，以后又包围了赵都邯郸。平原君多次致书魏王及信陵君，请求援助。魏王初已派出救兵，后慑于秦国的恐吓，随即命令留军壁邺，名为救赵，实持两端以观望。信陵君反复劝说，又派宾客辩士说王万端，魏王终不采纳。在这种艰难的情况下，信陵君毅然决然地带领他的门客，约车骑百余乘，欲以客往赴秦军，与赵俱死。后来，经侯嬴精心谋划，魏王宠妃如姬盗得兵符，信陵君的门客之一朱亥椎杀统军主帅晋鄙，终于统领八万魏兵，击走秦军，拯救了危亡中的赵国。这一壮举，有力地阻遏了秦军的扩张势头，一定程度上维护了秦与六国的战略均势，也使魏国免于陷入独力抗秦的困境。十年以后，信陵君又曾率五国之兵破秦军于河外，打跑了秦将蒙骜，乘胜追杀至函谷关，使得秦兵不敢出关，为屡受秦国侵略的诸国作出了突出的贡献。一位政治家，具有敏锐的战略头脑是可贵的，而同时具有知错必改的个人品质则更是难能可贵，信陵君恰恰具备了这种素质。一次，他奉命进攻一个叫管的地方，久攻不下，于是派人到安陵君处，要他命令守将的父亲缩高说服儿子投降。缩高不忍陷儿子于卖城不义，又怕因自己的抵制给安陵君带来祸患，便刎颈自杀。信陵君闻缩高已死，自知以强凌弱，理亏在己，立即素服缟素辟舍，使使者谢安陵君曰：'无忌，小人也，困于思虑，失言于君，敢再拜释罪。'勇敢地承认了自己的错误。知错必改，在信陵君不是偶然的表现，而是一惯表现。窃符救赵后，赵国上下皆感他的恩德，赵王准备以五城封他，他听到后，意骄矜而有自功之色。这时门客唐且对他说："物有不可忘，或有不可不忘。夫人有德于公子，公子不可忘也；公子有德于人，愿公子忘之也。且矫魏王令，夺晋鄙兵以救赵，于赵则有功矣，于魏则未为忠臣也。公子乃自骄而功之，窃为公子不取也。"信陵君闻此言，立自责，似若无所容者。后来赵王为他洗尘，他毫不居功，百般辞让，终至赵王侍酒至暮，口不忍献五城。

信陵君留赵十年，秦闻公子在赵，日夜出兵东伐魏。魏王患之，使使往请公子。信陵君担心魏王犹记前嫌，告诫门下，有敢为魏王使通者，死。毛、薛二公往见，对他说："公子所以重于赵，名闻诸侯者，徒以有魏也。今秦攻魏，魏急而公子不恤，使秦破大梁而夷先王之宗庙，公子当何面目立天下乎？"二人语未及竟，信陵君立变色，告车趣驾归救魏。这些事，体现了一位政治家虚心纳谏，勇于改过的宽阔胸怀。

二、木：天人观管理的规范功能

 引经据典

《三国演义》第九十回

羽扇纶巾拥碧幢，七擒妙策制蛮王。至今溪洞传威德，为选高

原立庙堂。

忽一人入帐谓孟获曰："丞相面羞，不欲与公相见。特令我来放公回去，再招人马来决胜负。公今可速去。"孟获垂泪言曰："七擒七纵，自古未尝有也。吾虽化外之人，颇知礼义，直如此无羞耻乎？"遂同兄弟妻子宗党人等，皆匍匐跪于帐下，肉袒谢罪曰："丞相天威，南人不复反矣！"孔明曰："公今服乎？"获泣谢曰："某子子孙孙皆感覆载生成之恩，安得不服！"孔明乃请孟获上帐，设宴庆贺，就令永为洞主。所夺之地，尽皆退还。孟获宗党及诸蛮兵，无不感戴，皆欣然跳跃而去。

在后刘备时代的蜀国，除"六出祁山"外，"七擒孟获"堪称诸葛亮军事生涯晚期的点睛之笔。民族问题是威胁到蜀汉政权的一大隐患，作为一个汉人建立的地方性政权，如处理不当很可能造成倾巢而覆的后果，这也是考验诸葛亮的智慧和谋略的绝佳时机。诸葛亮率军深入不毛之地，接连派出赵云、魏延、王平、马岱等大将，祭出各种战术，虽然有力地消灭了对方有生力量，也屡次探囊取物般地将孟获擒到帐下，但却始终不能让蛮人心服口服。最终，在七擒七纵孟获之后，诸葛亮晓之以义，动之以情，使蛮王心悦诚服，蛮人尊称诸葛亮为"慈父"。诸葛亮在征服蛮邦后，不置官、不留兵、不征粮，保持当地的高度自治状态，保障了蜀国西南边陲的长治久安，充分体现了其高超的治理艺术。

理论探微

自汉武帝采纳儒生董仲舒提出的"罢黜百家，独尊儒术"的建议以来,儒家思想在中国封建时代正统治理思想的地位得到正式确立。所谓时势造英雄,儒生董仲舒得到汉武帝的重用是由时代背景所决定的,当时的西汉王朝经历了"休养生息",国力得到显著提升,但是诸侯势力坐大,甚至在一定程度上威胁到了皇权,要树立中央政府的权威需要采取震慑和怀柔并举的措施,因此汉武帝接受主父偃的建议,颁布"推恩令",削弱了诸侯的力量;同时,又采纳了有利于维护大一统局面的儒家思想,从思想上巩固"大一统"的局面。必须指出的是,董仲舒提出的是"儒术"而非"儒学",也就是说,他强化了儒家思想的"器"的实用功能,而在一定程度上弱化了其所谓"道"的理论体系价值,使儒家学说逐步形成"儒术融合、阴术阳儒"的态势,这无疑是对儒家思想的一次影响极为深远的变革。

儒家认为,"大一统"是一个"有道"社会的必备条件,儒家的"大一统"思想,深刻影响了华人的思想观念和生活方式,使得中国人有着牢固的"大一统"情节和坚定的"大一统"信念。[1]在组织管理实践当中,会发现华人的组织观念较强,大多数都能以自己所处的组织兴衰荣辱为己任,在自由主义等各种思潮激荡的当代,我们更应注重儒家天人观的规范功能,切实增强组织文化管理,保障组织管理的实效性。

实战演练

华商鼻祖王亥

王亥(公元前1854—1803年),河南商丘人,华夏商人,商品、商业的缔造者,华商始祖、商族先公之一。子姓,又名振,阏伯的六世孙，契之后，冥之长子，商部落族的第七任首领。甲骨卜辞中称为"高祖亥"或"高祖王亥"。王亥不仅帮助父亲冥在治水中立了大功，而且还发明了牛车，开始驯牛，促使农牧业迅速发展，使商部落得以强大。

王亥在商丘服牛驯马发展生产，用牛车拉着货物，到外部落去搞交易，开创了华夏商业贸易的先河，久而久之人们就把从事贸易活动的商部落人称为"商人"，把用于交换的物品叫"商品"，把商人从事的职业叫"商业"。

王亥所在的草原部落的游牧民族在频繁迁徙的过程中，逐步掌握了役使畜力的各种方法——夏王朝初年的奚仲创造了世界上第一辆用马牵引的木制车辆。他的先王——相土（生卒年不详，商部落第三任首领），用槽喂、圈养之法饲养马匹，将马戴上马笼头从而驯服了野马，再加上训练，便让马拉车驮物，成为重要的运输方式。从西北草原迁徙到中原地区之后，到了王亥时代，马拉车、运货、作战，根本不够用。那么，可不可以让牛替马拉车？这是王亥琢磨的问题。最终王亥彻底驯服了这种野性十足的庞然大物，进而将它套在华丽的双辕车上，制造了牛车。这便是史书中记载的"王亥服牛"的故事。

在王亥的大力推广下，驯牛技术和牛车开始普及，商部落的畜牧业进一步发展起来——商族人的生活得到了极大的改善，王亥被同族人推崇至极。为解决牛、羊及农产品生产过剩的问题，王亥亲自驾驶牛车载货运输，用帛、黍和粟以及牛、羊跟其他部落以物换物——这一项前所未有的事业，正是王亥开的先河。

王亥最后一次远行贸易，是到黄河以北的有易氏部落。帝泄十二年（公元前 1810 年），王亥和弟弟王恒一起从商丘出发，载着货物，赶着牛羊，长途跋涉到了河北的有易氏部落（今河北易水一带）。有易氏的部落首领绵臣见财起歹意，杀害了王亥，赶走了王亥的随行人员，夺走了货和牛羊。王亥的弟弟王恒日夜兼程逃回商丘。王亥之子上甲微非常悲愤，欲为王亥报仇。但由于诸多原因，当时未能立即出兵，4 年以后，即帝泄十六年（公元前 1806 年），才借助河伯之师，灭了有易氏，杀了绵臣，为父王王亥报了仇。这一胜仗让富足的商族部落进一步扩大了势力范围。

由于王亥开了氏族部落之间长途贩运的先河，在他去世后，商族人沿其传统，利用拥有牛车、马车的便利条件从事部落间的物品交换，以获取财富。搞贩运的人越来越多，渐渐的，就形成了专门从事这行当的职业。外部落的人看到商族人用牛车、马车拉着货物远道而来，进行以物易物的经商活动，感到十分新鲜，就你传我、我传你地吆喝着："商人来了，商人来了。"其实是"商族人"的意思，时间长了，"商人"的意思就发生了变化，演变成了经商做生意的人，成为经商做买卖之人的统称。"商人"一词一直沿袭至今。而作为最早进行贸易的王亥，便是"商业"的始祖，即商人的祖先，数千年来一直被商人奉若神明。

商国的国力快速增长。到了王亥的第七世孙商汤时期，商国的实力已十分雄厚。当时夏朝的最后一个君王桀荒淫无度，终日饮酒作乐，不理朝政，整个国家动荡不安。商汤经过 11 次征战，终于取代桀灭夏，建立了商朝，并在南亳（河南商丘虞城县谷熟镇）建都。

在与各国的交易中，王亥坚持以诚信为本，平等交易。根据史料记载，与商国经常交往的有一个诸侯国叫葛国。葛国是个小国，社会落后，资源贫乏，老百姓所需粮食一直不足。商国一直向葛国提供粮食，平等进行各种交易。有一年，葛国遭遇天灾大旱，地里庄稼颗粒无收，老百姓连树皮草根都快吃光了。葛国国君到商国向王亥求援，恳求商国多运送些粮食到葛国，并愿意拿出比原来高出一倍的物品交换。王亥说："您是商国的老朋友了，我们不能见死不救，更不能乘人之危敛物"。王亥除了继续以原定的物品与葛国交换粮食外，还多提供了些粮食援助。事后，葛国国君向王亥送书一封，其中写道："葛国愿与商国世代交好，永结同盟"。

王亥"服牛乘马，以为专利"。这样就形成了农业生产的发展，形成农、牧结合的经济，使这个部落很快兴旺起来，农业的发展促进了农业和畜牧业的分工，农业和手工业的分工也相应地扩大了。因此，商人与其他部落之间的交换也是比较活跃的。王亥所处的时代，商人开始利用牛作为负重的工具，在各部落间进行贸易。这是郭沫若在《中国史稿》中对"相土乘马，王亥服牛"深远意义的高度评价。

从简单的以物易物发展到复杂的商品贸易，其漫漫脉络也就在这里找到了源头。王亥经商很大程度上推动了中华商文化文明播撒天下的进程。

三、儒家事功学说与民营经济发展

 引经据典

《三国演义》第六十七回

曹操已得东川，主簿司马懿进曰："刘备以诈力取刘璋，蜀人尚未归心。今主公已得汉中，益州震动。可速进兵攻之，势必瓦解。智者贵于乘时，时不可失也。"曹操叹曰："人苦不知足，既得陇，复望蜀耶？"刘晔曰："司马仲达之言是也。若少迟缓，诸葛亮明于治国而为相，关、张等勇冠三军而为将，蜀民既定，据守关隘，不可犯矣。"操曰："士卒远涉劳苦，且宜存恤。"遂按兵不动。

却说西川百姓，听知曹操已取东川，料必来取西川，一日之间，数遍惊恐。玄德请军师商议，孔明曰："亮有一计，曹操自退。"玄德问何计。孔明曰："曹操分军屯合淝，惧孙权也。今我若分江夏、长沙、桂阳三郡还吴，遣舌辩之士，陈说利害，令吴起兵袭合淝，牵动其势，操必勒兵南向矣。"

在《三国演义》中，曹操的"奸绝"形象可谓是根深蒂固，然而，历史上的曹操却堪称一位文武全才，他出身既非草莽，亦非行伍，他最初也想走"学而优则仕"的正统道路，怎奈生逢乱世报国无门，一言以蔽之——华夏之大已容不下一张平静的书桌了！于是他投笔从戎，开启了戎马生涯。

曹操在取得东川的大好形势下，为何戛然而止，与当年兵败赤壁的切肤之痛固然有着千丝万缕的联系，但在很大程度上还是受到根深蒂固的儒家正统思想潜移默化影响的结果，儒家提倡中庸和适度，饱读圣贤书的曹操在作决策时自然或多或少地遵循这一原则，他作出的决定是按兵不动、静观其变。

那么，诸葛亮为何能轻易地使曹军不战而退呢？相信在曹营当中，主张一鼓作气攻下西川，进而进击西蜀战略的主战派一定为数不少，但诸葛亮又一次发挥了他的超群谋略，用类似于赤壁之战时联孙御曹的策略，采用"围魏救赵"的计策，化解了燃眉之急，也为之后三足鼎立的局面奠定了基础。

毫无疑问，在"得陇望蜀"的历史时刻采取的中庸策略是一大战略失误。要修正诸如此类的失误，只能从改造决策者的思想理念的源头上着手，南宋中期兴起的事功学说，正是对传统儒家思想的一次变革和洗礼，叶适作为代表人物之一，将这种思想运用到治国安民的实践当中，他主张发展工商业，并力主抗金，反对委曲求全的议和，南宋统治者在一定程度上接受了他的思想主张，并联合蒙古消灭了金朝，虽然南宋最终沦亡了，但诞生于彼时的事功学说却流传了下来。

理论探微

事功学派兴起于南宋，是与宋明理学分庭抗礼的一大思想流派，源于王安石"为天下国家之用"的实用思想，其代表人物有永嘉学派集大成者叶适、永康学派之翘楚陈亮。该学派倡导事功学说，其核心思想为：提倡治经世致用之学，反对空谈义理，这种学说不仅给儒家思想注入一股新鲜血液，而且促进了当时江浙一带民营经济的蓬勃发展，时至今日，仍然有广泛而深远的影响。

事功学说在南宋的逐步盛行与当时的经济社会背景息息相关。宋朝兵败南迁之后，南方的政治经济中心地位日益凸显，国家面临着内忧外患的局面，士大夫阶层也因情势所逼，渐渐对空谈义理的程朱理学兴致淡漠，转而研思和发掘一些与经济和民生关联紧密的"实学"，但他们又巧妙地将研究成果与传统的儒家学说实现了无缝融合，使彼时本如一潭死水般的思想界掀起了波澜，并对国家治理理念和经济社会发展模式产生了深远的影响。永嘉学派代表人物叶适（1150—1223年），字正则，世称水心先生，浙江龙泉人，随祖辈迁至浙江永嘉，淳熙五年（1178年）中进士，曾为兵部侍郎、吏部侍郎、太常博士、江淮制置使等职。为官时屡次奏言复兴，反对和议，坚持抗金，晚年在永嘉城外水心村著书讲学。[2]

秦汉以来，重本抑末理论就成为封建正统经济思想，长期处于支配地位，已流行一千多年，这种思想认为农业是富国强兵的"本业"，而工商业则是"末业"，叶适的反"重本抑末"思想，重在反对"抑末"，所谓"抑末"主要是"抑商"，而不是否定"重本"。光辉思想的伟大之处在于其预见性，以叶适为代表的事功学派大儒们的观点无疑具有很强的前瞻性，事功学说的传播在一定程度上促使人们摆脱了思想的桎梏，俯下身子潜心从事原本为人所不齿的手工业和工商业，并一度使彼时的江浙一带出现了商贾林立、百业兴盛的经济社会良性发展局面，南宋时期昙花一现般的经济繁荣现象虽然在元朝将近一个世纪的统治期内未能得到良好存续，但却在明朝中叶以后得以涅槃重生，当时的明政府推行较为宽松的经济政策，在江浙一带出现了纺织、青瓷、茶叶等"产业聚集区"，并且通过泉州、宁波等港口实现"出口创汇"，明王朝本应借此机遇走上富国强兵的道路，却因"小冰河"时期气候对农业收成带来的负面影响而难以力挽狂澜。虽然有先进理论作支撑，也在一定程度上改变了封建统治阶层对于工商业的看法，但是民营经济在中国的发展仍是步履维艰，只能秉持"夹缝中求生存的理念"，如涓涓细流般滋养着坚韧隐忍的华夏苍生。

文化传统是市场经济发展的精神动力。在任何一种经济模式背后必定存在着一种无形的精神力量，在一定条件下，这种精神、价值观念决定着这种经济模式的成败兴衰。作为地域文化传统的重要组成部分，永嘉学派的功利主义思想无疑对浙江一带人们的行为选择产生重大影响。重商理念加上悠久的商业传统，使人们能够充分利用本地区天赋的自然资源，将地理位置的不利转成相对优势，他们擅长于商品性作物和手工品的生产，即面向市场的生产。在永嘉学派"功利"传统的影响下，改革开放初期的浙江人抢得市场先机，形成了带有浓郁地域特色的市场精神，这表明，一个地区的经济模式往往都是建立在区域文化传统之上的。[3]

实战演练

相信大家对于央视热播电视连续剧《温州两家人》应该不陌生，该剧生动诠释了新温商坚守诚信本心，推进转型升级，赶超发展的故事，是展现温州商人精神的又一扛鼎之作。剧中侯三寿倾力打造奋钧科技，进军太阳能光伏产业领域，这与正泰集团董事长南存辉的创业历程有异曲同工之妙。

正泰成立的 30 多年，也经历了创业发展难题、金融经济危机、企业转型发展等难题，但温商"敢为人先，百折不挠"的创业精神在正泰的领头人南存辉身上留下深深的烙印，正泰集团30年来的发展历程，也与剧中新温商在新时期复杂的社会冲击下坚守诚信本心、实现企业转型发展、立志于树立民族品牌的故事背景极为相似。与剧情不同的是，正泰太阳能在面对全球光伏产业危机时选择走一条转型发展之路，成为光伏系统解决方案提供商，成功化解了全球性的产业危机。

正泰的成功与之"得陇望蜀"的"事功"战略思想不无关联，这个词语看似贬义，可对企业而言却是实实在在的褒义！企业想要长足发展就要站在"陇"上利用"陇"，这里的"陇"就是既有市场，"蜀"指的是企业将要拓展的更为广泛的市场，并在战略上把"蜀"列为下一个"陇"，步步为营、稳扎稳打从而立于不败之地。[4]换句话说，就是要"吃着碗里的想着锅里的"。

参考书目

［1］高秉涵.论儒家的"大一统"思想［J］.荷泽学院学报，2010(5).

［2］李明扬.叶适的"功利"经济思想评述［J］.湖南工程学院学报，2005(3).

［3］吴斌.温州文化创新研究［J］.中国城市化，2012(12).

［4］郑学益，张春晓，张亚光.中国民营企业启示录——正泰经营思想研究［M］.北京：北京大学出版社，2005.

第五章

理性化管理:管理4.0的内核

一、理性:理性主义管理的源流

 引经据典

《三国演义》第四回

汉末忠臣说伍孚,冲天豪气世间无。朝堂杀贼名犹在,万古堪称大丈夫!

尝引军出城,行到阳城地方。时当二月,村民社赛,男女皆集。卓命军士围住,尽皆杀之,掠妇女财务,装载车上,悬头千余颗于车下,连轸还都,扬言杀贼大胜而回。于城门外焚烧人头,以妇女财物分散众军。越骑校尉伍孚,字德瑜,见卓残暴,愤恨不平。

董卓称雄仰仗的是凶悍善战的羌兵,乘着中央政府势微的时机问鼎中原。大权在握之后,董卓的残暴野蛮本性也暴露无遗,做出了种种令人发指的无耻行径,在其身上几乎看不到理性的特质。

这也正是伍孚、王允等汉室旧臣为驱邪扶正而争赴国难的一大原因。

在中华民族的漫长演进史中，野蛮压制文明的现象屡见不鲜，但强大的中华文化都能以海纳百川的态势将之兼收内化，正是以这种化骨绵掌般的独特方式，中华文明才得以较为完整地延续下来，从而避免了重蹈其他消逝在历史长河中的人类文明的覆辙。在这当中起到中流砥柱作用的是根植于中华文化深处的理性。

理论探微

人和动物最根本的区别是人具有理性，东周末年是我国奴隶制逐步退出历史舞台，社会大裂变大动荡的一个时期，各种思想流派交融碰撞，在这一时期诞生的道家学派的思想主张与古希腊的斯多葛派哲学思想有着异曲同工之妙。斯多葛派是理性思想的倡导者，斯多葛派信奉的哲学将自然的过程看作一种受铁的必然性支配的过程。在他们看来，"理性"是宇宙秩序的支配者，渗透和弥漫于宇宙万物之中，将万物都置于其不可抗拒的力量之下。宇宙是一个绝对的统一整体，而人是这个绝对统一整体中不可分离的组成部分，是一个小宇宙。因此，人也必然受那种弥漫于宇宙之中的普遍规则的支配，这个支配宇宙和人的"理性"就是自然法。它贯穿于一切事物之中，是人们的最高行为准则。

在漫长的中世纪，强大的教廷禁锢着人们的思想，同时也拧紧了理性的阀门，对死亡的恐惧和对上帝的敬畏使每一个人都膜拜在教皇及其代理人的教袍下，正所谓物极必反，一个让人们冲破精神枷锁束缚的契机到来了，那就是席卷欧洲大陆的黑死病，在这场具有史无前例的传染性和杀伤力的瘟疫面前，人们只能在绝望中千方百计寻找希望。近代理性精神发端于文艺复兴时期，它标志着人们从中世纪的宗教思想禁锢中解放出来，旗帜鲜明地反对宗教神学的蒙昧主义，而肯定人的现实生活，肯定人的智慧和对知识的追求，肯定人性的美好、人的自然欲望、人对幸福生活的追求。这是在特定的历史条件下，对沉睡已久的人性的一种合乎理性的规范。[1]

催生理性的有文学家，还有哲学家。欧陆理性主义的奠基人笛卡尔在担任瑞典皇室教师期间对瑞典女王储克里斯蒂娜心生爱慕，感情溢于言表的他写下了著名的心形曲线公式 $r = a(1 - \sin\theta)$，天资聪颖的克里斯蒂娜据此画出了美丽的心形线，虽然这只是一个无法考证的美好故事，但心形曲线确为笛卡尔所创，这位浪漫的天才赋予心形曲线的深远意蕴引发了后人的无尽思索，或许他想透过此表达这样一层含义——人与人之间只有心灵的沟通才是最真挚的交流。最后，笛卡尔在瑞典这个"岩石、冰与熊的国度"绽放出了他生命中的最后华彩，不久即因积劳成疾而病逝。

在笛卡尔降生前约半个世纪的古老东方大地上，一名大明王朝的贬臣——贵州龙场场驿王守仁正蜷缩在茅草屋中瑟瑟发抖，他因得罪权贵而被发配至此，后来他干脆搬入山中穴居，就当几乎所有人都断定他永无出头之日时，明心开悟的他创立了惊世骇俗的"王学"，并大胆地提出了"知行合一"的方法论，他认为：道无方体，不可执着；却拘滞于文义上求道，远矣。如今人只说天，其实何尝见天！谓日、月、风、雷即天，不可；谓人、物、草、木不是天，亦不可。道即是天。若识得时，何莫而非道。人但各以其一隅见之，认定以为道止如此，所以不同。他要表达的意思是，"道"无时无处不在，理性寓于万物之中，要用善于发现的眼睛去探索和体悟。[2]这位兄台绝对不是一个闷在书斋里的四角书橱，他曾屡次统兵平定边患，并且在宁王朱宸濠反叛之际临危受命，率领讨逆大军和宁王鏖战于鄱阳湖，最终大获全胜生擒宁王。其思想远播至高丽、日本和东南亚，深刻影响了日本明治维新的进程，在亚洲近现代思想史上留下浓厚的理性主义印记。

实战演练

世界最古老公司：金刚组

金刚组，位于大阪的一家建筑公司，创建于公元 578 年。相当于总裁一职的"堂主"，至今已传至第 40 代。

公元 578 年，日本敏达天皇六年，圣德太子从朝鲜百济招请匠人柳重光，兴建四天王寺，这是金刚家族营造与维修佛教寺院的开始。公元 607 年，金刚家族又开始营造法隆寺，达到日本古代木造建筑的最高峰。1583 年，丰臣秀吉调集数十万劳工，花费 3 年时间将大阪城修建成地势险要的军事要塞。金刚家族是这个浩大工程的实际组织者，他们运用祖传工艺与创新，完成了这座宏伟壮观的城堡。

金刚家族作为专门建造四大天王寺的"造寺工匠"组，每年都可拿到国家的俸禄，直到江户时代末，金刚组都捧着"金饭碗"衣食无忧。

1868 年明治维新开始后，这种状况发生了根本变化。"废佛毁释"的风潮席卷日本，四天王寺所持有的领地被强行收回。之后，金刚家族随之失去了俸禄。为了度过经营危机，金刚家族果断地向新的领域进军，开始从事商业建筑的修造与维修，并获得成功。

"二战"后，日本迅速发展，经济走出低谷。金刚家族抓住机会，于1955年正式建立了"金刚组"公司。为迎合蓬勃的市场需要，拓展经营规模，金刚组由单一的寺庙建筑、庭园建筑业发展为综合建筑业，开始承建一般性的建筑业务。金刚组将日本独特的建筑美学与水泥建筑工艺相融合，1 400多年的传统工艺不断被注入新技术。

20世纪90年代开始，股市崩盘、地价暴跌、日本泡沫经济时代终于结束。受此影响，2006年1月金刚组因无力清偿庞大负债，而在家族第40代传人金刚正和的手中宣布清盘，被高松建设收购合并。但经过各方努力，新公司最终保持了"金刚组"的名称，并延续了公司原有的组织结构。

金刚组公司社长小川完二介绍，在经历过泡沫经济引发的危机后，金刚组的整体战略发生了转变，决定禁止"宗教建筑"以外的一切工程。工匠们的注意力将会更专注，也就更有利于技术的研发和技艺的精益求精。

韩国银行2012年发表的《日本企业长寿的秘密及启示》报告书显示，日本拥有3 146家历史超过200年的企业，为全球最多，更有7家企业历史超过了1 000年。而在中国，现存的超过200年历史的老店仅有9家。这难道不应当引起中国企业界的重视和思考吗？

二、第五种力：理性化管理的驱动作用

 引经据典

《三国演义》第四十八回、第四十九回

操升帐谓众谋士曰："若非天命助吾，安得凤雏妙计？铁索连舟，果然渡江如履平地。"程昱曰："船皆连锁，固是平稳，但彼若用火攻，难以回避。不可不防。"操大笑曰："程仲德虽有远谋，却还有见不到处。"荀攸曰："仲德之言甚是。丞相何故笑之？"操曰："凡用火攻，必藉风力。方今隆冬之际，但有西风北风，安有东风南风耶？吾居于西北之上，彼兵皆在南岸，彼若用火，是烧自己之兵也，吾何惧哉？若是十月小春之时，吾早已提备矣。"诸将皆拜伏曰："丞相高见，众人不及。"

是日，看看近夜，天色清明，微风不动。瑜谓鲁肃曰："孔明之言谬矣。隆冬之时，怎得东南风乎？"肃曰："吾料孔明必不缪谈。"将近三更时分，忽听风声响，旗幡转动。瑜出账看时，旗角竟飘西北。霎时间东南风大起。

在赤壁之战中，表象上是两位大军统帅曹操和周瑜之间的对垒，实质上对战争胜负起决定性作用的却是凤雏庞统和卧龙诸葛亮之间心照不宣的协作，两人分别向曹军和孙刘联军献上的"铁索连舟"和"借东风"之计，相当于共同给曹军贴上了一道"催命符"。按照书中描述，"铁索连舟"是庞统诈献给曹操的计策，其用

意在于向今后欲投靠的主公纳上"投名状"。

求胜心切而又一筹莫展的曹操视之为天赐良方,片面地认为凭借着铁索连成的战船即能达到如履平地般的"江上大营"的效果,却轻视了其中隐含着的杀机,这是一种典型的经验主义管理思维模式,虽然解决了船体颠簸的问题,但是却让战船丧失了灵活性,而且心存侥幸地认为隆冬时节不会刮东风、南风,却忽视了普遍性与特殊性的辩证关系,换而言之,曹操所作出的是非理性的决策,这也是导致魏军在赤壁之战中铩羽而归的决定性因素。

反观孙刘联军,周瑜和诸葛亮都不约而同地想到了火攻,于是决定成败的关键——"借东风"成为了诸葛亮的当务之急,书中的登坛作法等情节更多的是艺术加工,即使真有其事,也是诸葛亮放出的"烟雾弹",深谙地理水文之学的他对于当地隆冬时节是否会起东风的情况应当作了充分的调查研究,这也是作出合理判断的前提基础,虽然带有偶然性的成分在其中,但"借风烧船"的军事策略在当时敌强我弱的态势下无疑是理性的决策。

理论探微

第五种力是物理学中尚待探究的一种新型力,虽然第五种力的效应极其微弱,但其存在的意义却十分重大,近年来,天体物理学家不断找到新的证据印证:自然界中除已有的万有引力、电磁力、强核力和弱核力这四种基本相互作用力外,还应存在第五种相互作用力。[3]

以匈牙利科学院的奥蒂洛·克劳斯瑙霍尔考伊为首的物理学家团队进行的最新实验表明,还存在另一种力。英国《自然·新闻》期刊上的一篇报道称，该团队说，他们发现了一种古怪的放射性衰变反常现象，他们去年年底在美国《物理学评论通讯》周刊上发表了该研究成果。美国小发明网站报道，尽管提出了这一激进论断，但他们的论文当时几乎无人关注。直到加利福尼亚大学的物理学家对他们的研究方式和结果进行检验后发现该研究是正确的，这种情况才结束，这对于物理学家苦苦探寻了数十年的第五种力的谜底最终被揭开提供了强有力佐证。[4] 无独有偶，北京时间 2017 年 11 月 30 日凌晨在线发表在国际权威学术期刊《自然》的一篇论文，公布了中国科学院暗物质粒子探测卫星"悟空"最新探测成果："悟空"探测到的 1.4 万亿电子伏左右的粒子，有可能就是人们长期以来寻找的暗物质！人类已经发现的物质只占宇宙总物质量不足 5％，其余由暗物质和暗能量构成，而暗物质与第五种力是休戚相关的，"悟空"这一重大发现为揭开第五种力的神秘面纱提供了无限可能。

这种神秘的第五种力的斥向作用对宇宙的有序运行起的作用正如同组织中的理性文化对于组织治理的驱动作用，而且这一点将随着第五种力的神秘面孔的逐步显现而变得更加明晰。评价一种理论先进与否，一项决策是否明智的一个重要尺度是其预见性，即能够以已知预见未知，这就如同宇宙中有物质和暗物质，并且还存在黑洞，先进的理论或明智的决策应当能够引导人们探求未知领域，规避潜在风险，而理性文化是影响组织决策理性的一个关键因素。

经验主义与理性主义是迥然而异的两个思想体系，经验主义发源于英国，而法国则是理性主义的摇篮。经验主义管理学派的代表人物为彼得·德鲁克，理性主义管理学派则以赫伯特·西蒙的决策管理理论为代表，此理论以有限理性为核心，深入阐释了组织理性决策的内涵，并强调沟通的重要作用，赫伯特·西蒙也因对组织管理理论发展的重大贡献而于 1978 年被授予诺贝尔经济学奖，他也是历史上唯一一位以管理学背景问鼎该奖项的学者。

实战演练

山西太谷曹家庄园
电视连续剧《白银帝国》取景地之一

白银帝国的兴衰史

《白银帝国》描写的山西票号"天成元"堪称清代的全国"金融大鳄"，它掌控全国金融，兼营存放款，生意鼎盛时拥有中国各地以及俄国、蒙古、日本及南洋的二十三个分号，富可敌国。本片的主轴正是"天成元"这一商业帝国两代之间的传承故事。影片的背景发生在社会动乱，国家处于内忧外患之中时，一个家族要维持发展,所需要经受的不仅仅来自政府的压力(影片中清政府欠天成元银子不还),还要面临其他许多不确定因素,如抢匪流寇盗窃、英法联军入侵等,天成元坚持自己的口号"至诚至信,大义参天",并且始终坚持对客户信守承诺,天成元作为晋商四十六家票号商会之一,在清末就发行了期票,并且存款人可以在日本国取钱,从中可以看出在清末时代早期的异国存取业务已经有所发展,其发展规模可见一斑。

在那个时代,高利贷被认为是害人害己,并且会被同行业的人所耻笑,作为票号商会中重要的一员,天成元对于自己的名号相当在意,所以禁止商号职员从事高利贷业务,这说明那个时代金融机构的管理制度已经逐步建立并渐显成效。山西商人最早发迹的年代,全国商业、金融业的管理基本上处于无政府状态。例如,众多的票号从来就不必向官府登记、领执照、纳税,也基本上不受到法律的约束和制裁。山西商人没有因此而放松了对金融机构的管理,而是加紧制定行业规范和经营守则,通过严格的自我约束来达到有序经营的目的。例如,他们规定所有的职员必须订立从业契约,并划出明确等级,不同等级收入悬殊,定期考查升迁;高级职员与财东共享股份,到期分红,使整个商业集团成员在利益上休戚与共,情同一家;总号对于遍布全国的分号容易失控,因此制定了分号向总号和其他分号的报账规则。严密的规则维持了山西商号的日常运作,也扩大了晋商的商业帝国版图。[5]

然而,尽管一度出现了天下白银尽数流向"祁、太、平"(山西祁县、太谷、平遥所处的当时最为富庶的区域)的盛景,但晋商还是逃脱不了山河日下直至日暮途穷,几近销声匿迹的命运,究竟症结在哪里？晋商的出发地和终结地都在农村，当他们成功发迹而执掌大商号时，封建家族制仍然是维持商号运转的基石，再说得直白一点，这样的组织从诞生起就缺乏理性基因，"一言堂"式的组织治理模式成为他们的不二选择，经验主义在组织内部盛行，由此导致了他们的行为缺乏理性文化的支撑，而这正是一个组织保持作出理性决策能力的至关重要的因素。

辉煌一时的晋商存留至当代的印记恐怕就只剩孤零零矗立在三晋大地上的乔家大院、常家庄园、王家大院这些"民间豪宅"了，笔者曾经于 2009 年赴乔家大院所在地山西晋中东观镇作实证性研究。大院坐落在晋中县东观镇乔家堡村内，单纯作为一个景点而言，并没有笔者想象中的磅礴大气，古老而斑驳的墙瓦似乎在向充满好奇的游客诉说着什么。距离乔家堡村约 2 公里的东观镇另一下辖村是西管村，缘于一名实证性研究者的敏感性，我对两村的产业结构进行比较分析：乔家堡村明显受旅游热的带动效应影响，75％左右的家庭从事的是旅游服务业，其中有酒店餐饮、文化用品、导游、客运等，基本形成了一条完整的旅游服务产业链，毫不夸张地说，一座乔家大院深刻影响了整个村庄的产业结构，也改变了村民的生产生活方式；与之形成鲜明对比的是大约 2 公里外的西管村，令笔者深感意外的是，这个村庄的经济社会发展状况竟然几乎未受到旅游热的带动或者说辐射，有 70％以上的家庭从事的仍然是可视为夕阳产业的煤炭运输业，还有一部分劳动力散落于水泵制造、制砖等产业，以农耕为主业的人口数约占村庄总人数的8％，整个村庄的道路泥泞不堪，空气污浊，与乔家堡村的面貌形成鲜明对比。笔者采访了西管村的一名村委委员，同时也是该村煤炭运输业的带头人,他家的私人运输车队拥有该村最先进的沃尔沃重卡。当我把无法理解西管村与乔家堡村天壤之别的产业结构和发展面貌的困惑表达给他时,他的回答是:一是当地缺乏煤炭资源,村民从事煤炭运输行业的时间已有二十余年,传统的观念和做法已经固化;二是近年来兴起的旅游景点在2公里地外,难以辐射到我村,还不如拉煤跑运输直接。该受访者可视为村里的精英分子,其观点在村民中具有代表性,由此可见,在该村村民眼中,所谓的朝阳产业和夕阳产业实无本质区别,能否在短期内盈利才是关键。这是一种典型的经验式的思维,是与理性主义背道而驰的。白银帝国的兴衰缘由,据此可窥一斑。

三、决策理性与组织管理

 引经据典

《三国演义》第一百零七回

却说司马懿闻曹爽同弟曹羲、曹训并心腹何晏、邓飏、丁谧、毕轨、李胜等及御林军,随魏主曹芳,出城谒明帝墓,就去畋猎。懿大喜,即到省中,令司徒高柔、假以节钺行大将军事,先据曹爽营;又命太傅王观中领军事,据曹羲营。懿引旧官入后宫奏郭太后,言爽背先帝托孤之恩,奸邪乱国,其罪当废。

却说曹爽正飞鹰走犬之际,忽报城内有变,太傅有表。魏主曹芳听毕,乃唤曹爽曰:"太傅之言若此,卿如何裁处?"曹爽意不能决，乃拔剑在手，嗟叹寻思……

却说司马懿斩了曹爽，遂复个人旧职。司马懿出榜晓谕：但有曹爽一应人等，尽皆免死；在官者照旧复职。军民各守家业，内外安堵。

司马懿是一位具备大成智慧的帅才，而且他深谙韬光养晦之精要，正因他的潜藏和隐忍，才能在生性多疑的曹氏父子的铁血之治下得以保全身家性命。正如《三国演义》开篇指出的：天下大势，分久必合，合久必分。司马懿抓住的关键是，曹丕在废除汉献帝、取缔东汉政权上缺乏法理依据，再加曹爽篡权干政、不得人心，"奸邪乱国，其罪当废"，在这一历史转折点，他果断决策，以迅雷不及掩耳之势，扼住了曹魏政权的"命门"，从而以较小的代价取得了成功，尤为难能可贵的是，他对于曹魏旧部并未一概诛杀，除了曹魏政权的核心成员之外，其他文臣武将只要诚心归顺，即尽释前嫌，官复原职，为我所用，这也使晋朝得以较为完整地继承了曹魏的遗产，进而结束"三足鼎立"的分裂局面，开西晋大一统之新纪元。

理论探微

赫伯特·西蒙指出，如果某项决策确实能在给定的情况下实现给定价值的最大化，就可以称之为"客观"理性决策；如果这只是相对于决策者对主题的实际了解而言，这项决策就是"主观"理性的。决策如果以组织目标为指导，就是"组织"理性的；如果以个人目标为指导，就是"个人"理性的。[6]

华为打造开放型人才金字塔

金字塔是最稳定的建筑结构。在工业时代，人才金字塔结构的优点显而易见，有秩序、分工明确、效率高。而数字时代，这种人才金字塔结构也有了缺点。比如，它是封闭的，层级严密，内生，不利于创新。又比如，金字塔塔尖这么小，只能站下少数人。所以华为的任正非提出，把人才金字塔顶端炸开，无限扩大外延，使内生领军人物辈出，外延天才思想云集。

炸天人才金字塔塔尖，与世界交换能量。怎样才算与世界交换能量？举个实际的例子。隆巴迪先生是著名微波研究专家，他是意大利人，华为因为他把微波研究中心设在了米兰；爱尔兰人克里纳先生是全球知名商业架构师，华为为了他在爱尔兰科克市，一个不知名的小城市设立了研究所，如今这个"一个人的研究所"已成为拥有 20 多人的专家团队；马修先生，曾设计过卡地亚、三宅一生，现在是华为法国美学研究所的首席设计师。

人才在哪儿，华为就在哪儿。华为尽可能地为人才提供合适的场景、条件来激发创新，而不是由华为来规定怎么创新、往哪个方向去创新。

2016 年 12 月 2 日，来自英国、法国、德国等国家的技术、金融、市场等领域的顶尖人才、科学家、大学教授和商界 130 多位嘉宾齐聚伦敦地标 Shard 大厦，出席华为首届欧洲人才峰会。

The Shard 大厦，也叫"摘星塔"，由 11 000 个精密立体玻璃组成。The Shard 底座宽大，然后逐层收敛，犹如万片玻璃拔地而起，直指天际，但其顶部并不封闭。犹如任正非所说的"被炸开塔尖的金字塔"。

任正非说："拉开金字塔的顶端，形成蜂窝状，吸引世界各国优秀'蜂子'进来，然后我们就会有更强的竞争力，赚更多的钱，战略竞争力更强……"

任正非反复提及炸开金字塔塔尖，一杯咖啡吸收宇宙能量。华为这次选择"摘星塔"召开人才峰会，别有一番深意！

The Shard 是伦敦第一高，也是英国第一高、欧洲第一高。华为首届人才峰会选址 The Shard，不难理解"山高人为峰"之意。其实，The Shard 与华为价值观还有深度契合，华为请欧洲的科学家、大牛在这个别具一格之处喝咖啡，大有画外之音。

打开边界，不破不立，常格不破，人才难得。

金字塔不封顶就是摘星塔

The Shard 还有一个更优雅、更有诗意的中文名——摘星塔。

"金字塔"正因为不封顶，才有了与宇宙对接的可能，才能变成摘星塔。

华为坚持开放式创新。开放式创新的根本在于打破人才的组织边界，鼓励华为的人才积极与外部专家、科学家、国际组织、产业组织进行交流。"贴近人才建能力"成为华为开放式创新的实施路径，目前华为已在全球已经建立了 26 个能力中心。

欧洲是华为在中国之外的核心运营部分、主要海外投资目的地及全球能力中心，是公司整体业务连续性的关键保证。华为试图把欧洲先进的、优秀的要素整合起来，为华为面向全球所用。

华为在欧洲构筑核心能力，并将其资源整合到华为的全球价值创造链中，包括欧洲本土的创新、设计、基础研究、营销、核心制造、金融等方面。

华为在英国主要围绕ARM生态圈和光电领域布局，在法国主要布局数学（算法）、软件、芯片、ID设计和美学研究所，在德国主要布局工程技术和软件，并成立华为欧洲研究院，整合在欧洲各地的研发力量。

过去十多年，华为努力为欧洲客户创造价值。未来十年，随着云时代的到来，华为希望在欧洲共建和谐商业生态系统。华为在巴黎召开2016年华为欧洲生态大会，为运营商、垂直行业和消费者打造三大云生态系统。

同时，华为还宣布了"欧洲沃土计划"。通过该计划，华为将通过三大平台：ICT能力建设平台、共同开发平台和联合营销平台，将华为的软件开发工具、能力开放给欧洲开发者。华为计划在2020年前，继续在欧洲投入超过7 500万欧元，在英国、德国、意大利建设3个Openlab，发展5万～10万开发者。

孙中山曾说："治国经邦，人才为急"。于国如此，对于企业更是如此，人才战略是华为在欧洲战略布局的基石，华为正在大量储备顶尖科学家、行业领军人物。华为还将通过研发合作、CSR旗舰项目'未来种子'、毕业生英才计划等推动着眼未来的人才建设，打造行业内最具实力的高水平人才队伍。

打破组织边界，从外部吸引高端人才，华为求贤若渴。其实，华为在集团财经层面，已经率先推行海外人才战略。

文艺复兴在意大利发芽，终成繁花锦簇；第一次工业革命掀起人类历史上机器替代人工的巨大变革；近现代的思想启蒙，把现代社会制度文明根植世界。所以，无论是人文底蕴还是科学技术，欧洲都是大师的盛产地，高端人才的聚集地。而选址伦敦的首届高端人才峰会是华为首次成机制、成体系地海外延揽高端人才，是具有标志性意义的事件。

透明玻璃金字塔，吸引外部能量，在内部转化成新的势能。华为所需要的开放金字塔人才结构，不仅仅是金字塔顶部的开放，也需要让世界人才智慧，犹如灯塔之光，照射进 The Shard。[7]

作为华为的忠实用户，笔者对这一屹立于世界手机品牌之林的中国自主品牌充满着信心和期待，千帆竞渡，百舸争流，相信华为将在 5G 时代充分展现其谁与争锋的王者气质，缔造属于华人的品牌神话！

参考文献

［1］马汉广. 人文主义文学与理性自觉［J］. 哈尔滨工业大学学报，2003（12）：92-93.

［2］度阴山. 知行合—王阳明［M］. 北京联合出版公司，2014.

［3］杨新社，刘易成. 第五种力理论与实验现状研究［J］. 大学物理，1992（3）：99-100.

［4］张程. 匈牙利物理学家或发现宇宙中第五种力［N］. 参考消息，2016-05-29.

［5］余秋雨. 文化苦旅［M］. 武汉：长江文艺出版社，2014.

［6］赫伯特·西蒙. 管理行为［M］. 北京：机械工业出版社，2004.

［7］摘星塔. 华为炸开的金字塔［OL］. http：//cj. sina. com. cn/ article/de-
tail/2949462582/118452？ vt＝4（文中第 106-110 页）

第六章

顺势善为:道家管理艺术

一、道家:势为观

引经据典

《三国演义》第四十六回

一天浓雾满长江,远近难分水渺茫。骤雨飞蝗来战舰,孔明今日伏周郎。

是夜大雾漫天,长江之中,雾气更甚,对面不相见。孔明促舟前进,果然是好大雾! 当夜五更时候,船已近曹操水寨。孔明教把船只头西尾东,一带摆开,就船上擂鼓呐喊。鲁肃惊曰:"倘曹兵齐出,如之奈何?"孔明笑曰:"吾料曹操于重雾中必不敢出。吾等只顾酌酒取乐,待雾散便回。"

却说曹寨中,听得擂鼓呐喊,毛玠、于禁二人慌忙飞报曹操。操传令曰:"重雾迷江,彼军忽至,必有埋伏,切不可轻动。可拨水军弓弩手乱箭射之。"又差人往旱寨内唤张辽、徐晃各带弓弩手三千,火速到江边助射。比及号令到来，毛玠、于禁怕南军抢入水寨，已差弓弩手在寨前放箭。少顷，旱寨内弓弩手亦到，约一万余人，尽皆向江中放箭，箭如雨发。孔明教把船吊回，头东尾西，逼近水寨受箭，一面擂鼓呐喊。待至日高雾散，孔明令收船急回。二十船两边束草上，排满箭枝。孔明令各船上军士齐声叫曰："谢丞相箭！"比及曹军寨内报知曹操时，这里船轻水急，已放回二十余里，追之不及。

理论探微

　　有一种观点认为老子在《道德经》所提倡的治理思想是放任，即听之任之，庸庸碌碌，这与老子的思想精髓可谓是相去甚远。老子在"无为之益"中有"天下之至柔，驰骋天下之至坚。无有入无间，吾是以知无为之有益。"的精辟论述。

　　"天下之至柔"，天下至柔的物是什么呢？答案就是水，水为至柔、至顺的事物，它象征着大道的德行。水也是无欲无求的事物，它总是安静地绕开繁华，顺着低洼的河谷缓缓前行，默默无闻地顺流而下。它绝不会在地势险峻或壮观的地方驻足停留，它造福万物却不主宰万物；它绝不居功自傲，而是甘于卑下的地位。

　　"驰骋天下之至坚"，这是水的本质，尽管水是至柔至顺的东西，但它可以在最为坚硬的东西的间隙中驰骋奔流。虽然水柔软到了近乎虚无的境界，但是这并不意味着它柔弱可欺。"水滴石穿"的故事给我们的启迪是，天长日久，水滴就可以在坚硬的岩石上穿个孔，这也生动诠释了"无有入无间"的哲理，石头是坚硬的，而且几乎没有任何的空隙可供侵袭，但是水却能凭着不断的积累侵入石头内部，可见具有柔弱特性的水拥有多么神奇的力量!

将道家势为观运用于管理的精要之处是,要注重"到什么山上唱什么歌",如同水一般渗透式地嵌入管理对象,然后在充分掌握情况和积蓄力量后以勃发喷涌之势示于众人,这样就能无往而不利;反之,如果在没有深谙对方特性的基础上,即开展弹压式的管理策略,则往往会遇到加倍的阻力,从而影响管理成效,甚至可能起到适得其反的效果。

实战演练

雅典学院
意大利画家拉斐尔·桑西 来源于站酷网站

江东大学借势发展

地处江浙地区的江东大学是一所省属重点大学,缘于该大学所处城市的优越地理位置和浓厚的文化底蕴，以及其为自身设定的长远而明晰的发展规划，再加当地日趋成熟的外向型经济的拉动效应，该大学于近 10 年间实现了跨越式的发展。

学校跨越式发展的直接体现是校园面积在原基础上几乎翻了两番，拓展为 3 000 余亩，人才引进力度也随之不断加强。但问题也接踵而至，其中较为突出和棘手的问题是该大学的人才用房供不应求，学校在前几年兴建了教工小区，学校制订的人才用房政策规定：第一层次人才——长江学者，由学校提供约 130 平方米（带附房）住宅一套；第二层次人才——教授及学科带头人，学校提供约 100 平方米住宅一套；第三层次人才——副教授、博士，学校提供约 70 平方米小高层住宅一套；第四层次人才——优秀硕士，不享受住房待遇，但有一定住房补贴。夫妻同时为学校引进人才，按照其中待遇高的一方执行，但不按照两人各自独立待遇享受住房，而采取适当补助的形式。政策规定第一、第二、第三层次人才服务年限分别为 10 年、15 年、20 年及以上可获得住房产权。随着学校事业的发展，"僧多粥少"的现象到了积重难返的地步，由于学校地处该市城北新兴区域，周边地块被纷至沓来的房地产开发商相继"拿下"，学校的教工小区被限定在原来的区域里，原本就不大的小区里几乎达到住户比肩继踵的程度，新引进的高层次人才只能望眼欲穿地等待学校住房待遇的落地，失望和不满情绪弥漫，甚至造成了教工队伍人才流失和不稳定的局面。

面对由住房问题衍生出的发展瓶颈，学校领导高度重视，专门召开党政联席扩大专题会议，商讨解决这一难题的良策。会上，在人事处任职的一名硕士研究生小刘结合切身经历向领导提出建议：小刘和妻子都是学校在岗的硕士学历职工，他们用学校发的房补再加两人公积金贷款，在离学校约两公里路程的生态公园边的青竹庄园购买了一套70平方米左右的小高层住宅，这一小区由于位置相对较偏，故均价低于紧邻学校的几个楼盘，后来他们才了解到，学校有不少年轻职工都在此购买了住房，业余还能共同开展活动，颇有校外"教工小区"的感觉。小刘说，目前学校为数不少的引进人才都在眼巴巴地盼着学校分房，而学校又苦于"僧多粥少"，何不跳出教工小区的"一亩三分地"，到校外寻求突破口呢？

　　这一建议得到了校领导的肯定和重视，校方安排组织部牵头，各部门联动，组成考察组赴青竹庄园考察，考察组发现，这一小区的房型有复式住宅、普通多层住宅以及小高层，小区内部及四周翠竹环绕，取"宁可食无肉，不可居无竹"之意，由于隐于生态公园之侧的低地，故相对显得冷清，但对于偏好安静的学者而言又是治学的好居所。考察组在深入调研后得出结论——这就是一个浑然天成的"教工小区"。考察组在向校领导汇报请示后，前往该楼盘所属的房地产公司总部洽谈，该公司销售部门正为此楼盘不温不火的尴尬销售状况而犯愁，公司高管听闻江东大学一行的来意后深感欣喜，双方在洽谈协商后达成一致：江东大学以团购的形式，按照低于该小区现市场售价的特惠价格购入一定数量的复式住宅、普通多层住宅以及小高层住宅，以满足该校教职工的住房需求。校方也对原人才用房政策进行了调整：有意向购买青竹庄园复式住宅的引进人才，可按照校方补贴的形式，以低于市场价近一半的价格购买，产权即可归个人所有；大户型多层住宅、小户型多层住宅以及小高层住宅按照原对应层次人才和服务年限规定执行；优秀硕士生亦可购房,但限于小高层,原住房补贴转为购房折扣。此政策的出台大为缓解了学校的住房难问题,而且考虑到了各层次人才的个性化需求,教职工的工作积极性高涨,达到了圆满的成效。

三年后,青竹庄园俨然成了该校的第二个"教工小区",学校再从人才子女就学的需求出发,在当地政府的政策扶持下,出资购买了该小区前的一块地,建成了该校的第二所附属中学,这样学校教工子弟的就学问题也迎刃而解。该校为破解发展瓶颈而采取的举措可谓是借势发展的典范,生动诠释了道家的势为观。

二、水:势为观管理的理性内涵

引经据典

《三国演义》第七十五回

权大悟,遂拜吕蒙为大都督,总制江东诸路军马;令孙皎在后接应粮草。蒙拜谢,点兵三万,快船八十余只,选会水者扮作商人,皆穿白衣,在船上摇橹,却将精兵伏于秀丽艨艟船中。次调韩当、蒋钦、朱然、潘璋、周泰、徐盛、丁奉等七员大将,相继而进。其余皆随吴侯为合后救应。一面遣使致书曹操,令进兵以袭云长之后;一面先传报陆逊,然后发白衣人,驾快船往浔阳江去。昼夜趱行,直抵北岸。江边烽火台上守台军盘问时,吴人答曰:"我等皆是客商,因江中阻风,到此一避。"军士信之,遂任其停泊江边。约至二更,艨艟中精兵齐出，将烽火台上官军缚倒，暗号一声，八十余船精兵俱起，将紧要去处墩台之军，尽行捉入船中，不曾走了一个。于是长驱大进，径取荆州，无人知觉。

荆州自古为兵家必争之地，以道家哲学的视角分析，荆州居于中华大地的中部腹地，正应了"得其中而得天下"的道家治理原则。而襄樊又是荆州的中心，素有"铁打的襄阳、铜铸的樊城"之说，因此，在三国时代，欲安荆州必先定襄樊，否则纵然一时一地得势，也难以实现全域性的长治久安，这也正是魏蜀吴三国围绕襄阳和樊城展开角力的深层次原因，南宋末年，宋元两军也在此地展开激烈的攻防战，战役中使用的攻城炮被命名为"襄阳炮"，足见其战略地位之重要。

理论探微

老子在《道德经》中阐述了"人法地，地法天，天法道，道法自然"的理念。对于人、地、天、道、自然之间的关系，老子得出一个结论：人取法于地，地取法于天。天取法于道，道取法于自然。道，大而玄奥，生成了天地万物。然而，道又是从何处而来的呢？通过"道法自然"一词，我们知道：道是自然而然生成的。道向自然学习，效法并顺应自然。道是至高无上的，就连它都要顺应并效法自然，更何况人类呢？所以，人类应该顺应自然，敬畏自然，如果破坏自然的和谐，那么大道和天地就会随时惩罚人类。因此，人要学习大道包容万物的胸襟，和大自然和谐相处。

运用于管理领域，尤其是经济管理领域，要善于发现并遵循区域经济发展中的"道"，即契合当地发展实际的客观规律，所谓世间没有两片完全相同的叶子，一些地方政府的管理决策者，喜欢模仿和照搬其他地区的发展模式，却忽略了如何顺应当地的客观经济形势，这样容易造成"水土不服"，导致发展的停滞甚至倒退。

实战演练

襄阳迈向新能源之都

2015年1月，襄阳市委、市政府提出：要把襄阳打造成为"中国新能源汽车之都"。

围绕这一目标，襄阳提出了"133战略"，即：一大目标——全力打造"中国新能源汽车之都"；三大定位——努力把襄阳建设成为国内重要的新能源整车制造基地、核心零部件制造基地、研发检测认证基地；三大路径——新能源整车企业品牌化，努力提升襄阳新能源整车的品牌知名度；新能源汽车零部件企业规模化，充分利用本地新能源整车和研发检测资源，整合本地新能源汽车零部件企业链条实现产业集群集聚发展；新能源汽车推广应用市场化，借力"互联网＋"和"大众创业、万众创新"的热潮，通过市场化和创新促进新能源汽车推广应用和基础设施的发展。

据介绍，襄阳市分别成立由市政府主要负责人任组长的新能源汽车产业发展领导小组和新能源汽车推广应用领导小组，建立由襄阳市财政局、市科技局、市发改委、市交通局、市汽车办等部门和单位组成的新能源汽车产业发展联席会议制度，定期研究解决产业发展和推广应用中的突出问题，并由其下设的领导小组办公室会同相关部门负责日常的产业协调、指导、服务、督办与落实工作。

目前，襄阳市编制了发展规划，通过加强与中国汽车工业协会、中国汽车技术研究中心、东风汽车公司的对接，谋划编制《襄阳市新能源汽车"十三五"发展规划》和《襄阳建设"中国新能源汽车之都"总体规划（2016—2020）》。

此外，该市还相继出台《关于加快襄阳新能源汽车产业发展的实施意见》和《襄阳市新能源汽车推广应用实施办法》，扶持新能源汽车产业发展。

据悉，襄阳市政府设立财政专项资金，累计投入 3.8 亿元，落实购车补贴 4 亿元，为新能源汽车产业发展创造了良好的孕育环境。产业体系全国领先。

有"汽车城"美名的襄阳，现已拥有 500 多家汽车及零部件生产企业；整车生产能力超过 40 万辆；动力总产成品生产能力 120 万台；车桥生产能力 120 万根。成为全国为数不多具备新能源汽车研发、生产、运营全产业链的城市。

从 2002 年起，该市部分车企、研究机构相继步入新能源汽车产业关键零部件研发阶段。如今，从事新能源汽车研发生产的企业及院所达 30 多家，拥有近 200 多项专利和实用技术。

产业格局经过十多年发展，襄阳新能源汽车产业链渐趋完整、产品品系日渐齐全、一批企业的技术和产品不断优化升级，初步形成"两纵三横"（纯电动汽车、混合动力汽车、动力电池、驱动系统、控制系统）的产业形态。

近年来，襄阳市先后荣获国家工信部新型工业化（新能源汽车产业）示范基地、节能与新能源汽车示范推广试点城市和推广应用城市，成为国内为数不多的生产和推广应用相结合的城市。

在新能源汽车产业带动下,汽车工业已经成为当地发展速度最快、经济效益最好、带动能力最强、贡献份额最大的龙头产业。2005年,襄阳将新能源汽车纳入汽车产业发展规划;首辆"东风天翼"纯电动客车样车问世,翻开新能源汽车产业发展的新页。2009年,襄阳成立新能源汽车产业发展领导小组并制定《关于发展新能源汽车产业的意见》,明确新能源汽车产业发展目标和任务。2010年,襄阳成为国家公共领域新能源汽车示范运行试点城市。占地31.64亩,全国首座商业化运行的电动汽车充电站——襄阳邓城电动汽车充电站投产运行。2011年,市内首条新能源公交专线601路开通。2012年,国家动力电池产品质量监督检验中心开建,国家汽车质量监督检验中心和国家汽车零部件重点实验室相继落地,襄阳成为具备新能源汽车整车、动力电池、零部件全产业链检测能力的城市。

襄阳市还在全国率先实现城市公交新能源化。5年共投入财政补贴资金1.5亿元,15条公交线路投入366辆新能源公交车。累计落实新能源汽车购置地方配套补贴3亿元,补贴标准居全国同类城市前列。建设3座大型充电站,累计为新能源客车充电44 591次,充电电量达367.3万千瓦时。设立财政扶持专项资金支持新能源汽车企业与中国科学院、清华大学等联手攻关,取得200件专利成果。38家新能源汽车产业相关企业获新能源汽车产业发展基金贷款,引进资金约3.5亿元。2015年,划拨襄阳公交绿捷新能源汽车有限公司补贴261万元;拨付新能源公交车补助款1 625万元;向新能源电池企业支付租赁费420万元。

在政策驱动下,"东风天翼"纯电动客车已发展到第四代,年生产能力达 3 万辆;追日电气与中科院联手研发的"高效能柔性光伏电池板",形成年产 5 000 台(套)产能;襄阳宇清科技有限公司与清华大学联手研发的新能源汽车电驱动系统较好地解决了新能源汽车电池管理与电源分配核心技术。

新能源汽车示范应用领域从公交车延伸到环卫车、物流车、私家车和公务车;运营模式不断突破,从购买使用扩展到融资租赁。"十三五"期间,襄阳市新能源汽车产业力争产值突破 1 000 亿元,整车产能突破 40 万辆,电机产能突破 20 万套,动力电池产能突破 100 亿瓦时。[1]

三、道家的无为而治与挫锐解纷

引经据典

《三国演义》第九十五回

孔明登城望之,果然尘光冲天,魏兵分两路望西城县杀来。孔明传令,教:"将旌旗尽皆隐匿,诸军各守城铺,如有妄行出入,及高言大语者,斩之! 大开四门,每一门用二十军士,扮作百姓,洒扫街道。如魏兵到时,不可擅动,吾自有计。"孔明乃披鹤氅,戴纶巾,引二小童携琴一张,于城上敌楼前,凭栏而坐,焚香操琴。

却说司马懿前军哨到城下,见了如此模样,皆不敢进,急报与司马懿。懿笑而不信,遂止住三军,自飞马远远望之。果见孔明坐于城楼之上，笑容可掬，焚香操琴。左有一童子，手持宝剑；右有一童子，手执麈尾。城门内外，有二十余百姓，低头洒扫，旁若无人。懿看毕大疑，便到军中，教后军作前军，前军作后军，望北山路而退。

理论探微

东方自然法学之集大成者当首推老子的《道德经》，在这本书中老子开宗明义地指出道是一种取之不尽、用之不竭、悠远绵长的事物，是万物的始祖，这与斯多葛派对宇宙理性的认识有异曲同工之妙，而且两者都认为这种理性能够内化到人的心中，不以人的意志为转移。

这种"理性"或者说"道"是玄之又玄、变幻无常的，人作为其载体必然要顺势而变才能与之相适应。老子在《道德经》中提到"挫其锐，解其纷，和其光，同其尘，是谓玄同。"这给予管理者的启示是，寻求变化是人的一大天性，是顺应自然规律的，这在经营管理领域就表现为市场参与者的创新，只有持之以恒的创新才是适应市场经济环境的不二法门，因此市场监管者要千方百计地促进市场主体的创新，出台相应政策法规为其创新发展保驾护航。

实战演练

安迪·格罗夫是企业管理的传奇人物，曾担任英特尔公司的首席执行官。在他看来，一个职业经理人最基本的工作是采集信息，而这一工作有时候也会变得有些尴尬、不自然。不过克服这种尴尬，可能是成为一个优秀企业领导人的最基本要素。

格罗夫告诉我们，有一种获取、传播信息的最高效方式，那就是在公司公开场合中出现，不做任何事情。

为什么你别做任何事

对于新公司的领导人来说，这可能是荒唐的说法。不论如何，创业想法是你想的，你找到理想的投资人，获得了投资，是你让公司的一切就绪。

虽然一些科技公司创始人会在后期退出，把首席执行官的职务交给一个职业经理人，不过对于那些想继续领导公司的创始人来说，你必须学会放手。

许多年轻的企业领导人，充满激情，兢兢业业。然而，当你只关心自己的工作，或是致力于成为团队中"挑灯夜战"的榜样，那么你将失去和员工对话的机会。

员工会觉得，找你可能会干扰你的工作，即使找你对话交流信息，这也会是一个很罕见的事情。

你的开放程度、亲和程度会降低和员工对话的障碍，并且把交流过程中的一些繁文礼节抛弃掉。

格罗夫表示，直接对话和口口相传十分重要。因此花费时间来做这个"不是工作的工作"十分必要。企业领导人也必须克服这种对话带来的尴尬和不自然。

如何无为而治

以下是三个企业领导人无为而治的小贴士：

1. 在公司里闲逛，无需设定任何目的。另外要用悠闲的步伐，一定要克服希望被他人看到自己在紧张工作的传统思维。

2. 和员工对话，即使你不认识他们。找到他们工作中的痛点，解决这些痛点。通过这种方式，员工知道他们可以来找你——他们的经理——把问题解决掉。

3. 接受无法和所有人成为朋友的现实。一个经理人在对待员工和他人上应该一视同仁，即使你和某个人一起长大，一起在车库里琢磨如何创业，你也不应该在公司里展现出亲疏远近。

参考文献

[1] 湖北日报讯[N].襄阳迈向"中国新能源汽车之都" 湖北日报 2016-01-29.

第七章

智能化管理：管理 4.0 的工具

一、智能：组织智能化管理的工具性

 引经据典

《世说新语·汰侈第三十》

石崇为客作豆粥，咄嗟便办。恒冬天得韭萍齑。又牛形状气力不胜王恺牛，而与恺出游，极晚发，争入洛城，崇牛数十步后迅若飞禽，恺牛绝走不能及。每以此三事为扼腕，乃密货崇帐下都督及御车人，问所以。都督曰："豆至难煮，唯豫作熟末，客至，作白粥以投之。韭萍齑是捣韭根，杂以麦苗尔。"复问驭人牛所以驶。驭人云："牛本不迟，由将车人不及制之尔。急时听偏辕，则驶矣。"恺悉从之，遂争长。

石崇在和王恺比拼实力的过程中，石崇有三件事情始终让王恺无法超越：一是煮豆粥的效率；二是冬天能吃上用韭菜和艾蒿制成的腌菜；三是牛车在冲刺时的速度特别快。事实上，石崇在这三

件事上运用的是智能化的管理方法,在煮豆粥这件事上,先把豆子煮熟磨成粉,这和现代的豆浆机的道理是相通的;在腌制韭菜和艾蒿的过程中,运用了麦苗作为替代品,这与如今屡见不鲜的转基因食品之间有异曲同工之妙;驾驭牛车时候,为了追求速度而把牛车重心偏向一边,这与现代跑车为了减少空气阻力而压低底盘的设计之间有着共通之处。

理论探微

相信"深蓝"战胜国际象棋大师卡斯帕罗夫的场景还让不少人记忆犹新,深蓝的一个主要技术是决策树。为了训练深蓝这个系统,IBM开始研究象棋走棋的规则,并找了一大群国际象棋的专家,根据象棋大师的对弈生成决策树。这个架构导致一个问题,要更改里面任何一个细节都非常复杂,而且人类专家团队水平很大程度限制了机器智能所能达到的程度。因此,深蓝刚刚打败国际象棋大师卡斯帕罗夫的时候,卡斯帕罗夫还曾想要再战几场,但IBM马上让深蓝终身退役了,他们怕国际象棋大师又重新把它打败。

继"深蓝"打败国际象棋大师之后,AlphaGo接连击败了世界最顶尖围棋选手李世石和柯洁。AlphaGo的原理是计算机通过深度学习(Deep leaning)海量数据,不断地计算,分析走棋规律,并不间断生成海量棋谱的过程,相较于人脑,计算机不知疲倦,计算和处理数据的能力也远超人脑,这场特殊的比赛也被升级到"电脑能够超越人脑"的高度。AlphaGo的学习方法是,通过一个固定的规则,通过反复的训练来探索最优的策略网络和价值网络。

AlphaGo团队中围棋棋力最高的黄博士只是业余六段，但是系统训练出来的AlphaGo超越了九段的水平。这个时候已经没有九段棋手教它究竟哪个棋路是最优的，而是它通过自己的归纳、演绎学习出了一个系统。AlphaGo有着与深蓝完全不同的整体架构，诚然，AlphaGo的程式已相当惊人，但若人类棋手下出AlphaGo计算以外的变化，程式即可会出现混乱，甚至是故障，毕竟，人工智能也非无懈可击。

总体而言，新的深度神经网络和人脑类似。为什么这个架构这么火呢？一方面，数据特别多；另一方面，我们的计算能力和算法有了大大的提升。以前，我们训练神经网络时，计算机里面训练三四层已经达到了极限。但随着我们的GPU和并行集块系统性能的提升，现在的最新网络可以达到上百层甚至几百层。通过大量的数据库的建立，当它看到百万张或者更多图片的时候，便可以自动像人脑一样调整整个神经网络里面的参数，同时在不同层形成一个相当于自我的初步认知。当然，这也是人工智能的一个初级阶段。在未来，这些发展会越来越快，它的进化速度会越来越快地超越人类。所以现在大家开始担心，"奇点临近"或者计算机超越人脑的时候人到底能干什么。

实战演练

邹昊的Abundy目前尚处于起步阶段，采用扁平化的管理模式（Flat），雇员不到10人，意在改变大公司人浮于事的局面，遵循以一当十的精英化管理。目前公司的客户以中美两国为主。整个团队的背景非常国际化，并在硅谷和旧金山都设有办公室。

融资对每个初创公司来说都尤为重要。邹昊向记者表示，他尽量用自己的积蓄来保持公司的运转，当然他的导师约翰·西菲(John Cioffi)博士，数字用户线路之父(digital subscriber line)兼天使投资人也向其公司注入了资金。真格基金的创始人徐小平，IDG及创新工厂的合伙人等也陆续向他递来了"绣球"，愿意投入初期资本。因此，即便是初创阶段，Abundy也并不差钱。邹昊表示，公司采用阶段化融资，不希望一次性注入太多的资金，走稳每一步，避免过快扩张。

大数据抢占先机

Abundy的名字源于英文单词"Abundant"，意为富饶的，充裕的。邹昊对记者说，他的公司主要依靠人工智能，开发大数据，提高数据分析的速度，从而提升整个金融行业的效率。因此，他希望公司的业务也能够"实至名归"地为专业机构和个人投资者提供充裕的数据支持。

邹昊说，在人工智能时代到来前，基金公司大多为效率问题所扰。一个股票分析师，一人最多同时盯10个公司股票，还要对其财报，以往业绩做大量研究，费心费力。市场上的股票繁多，如果每一只股票都要潜心研究再作抉择，恐跟不上市场变化，比如，钢铁业萎靡，煤炭产量过剩，制造业表现如何？这样一个问题，分析师需要通过对数据进行统计，然后推算。几周后才会出结果，冗长的计算过程，往往会令投资者错失"先机"，因此，基金公司不得不雇佣大量分析师处理数据。

随着金融科技的发展，"先机"对于市场的重要性日益凸显。高频交易和量化交易都是抢占市场先机的集中体现，而这些交易都离不开大数据的支持，其意义更在于预知性。通过数据处理，可以提前预知一些宏观经济的问题，比如，一线、二线、三线城市的房地产是否过热，数据处理的结果能帮助投资机构和地方政府的宏观政策制定者提前调整布局，或发布应对政策，而不是等到房产过热后，再忙不迭地进行"去库存"。

大数据的另一个意想不到的优点是"节流"。每个分析师的年薪，动辄几十万美元，高手百万年薪也屡见不鲜，是一笔庞大的人事开销。人工智能的大数据软件，在网上抓取数据，自动分类，并将相关行业数据归类。原来需要几周完成的分析报告，依靠这类大数据处理，几分钟便有了结果，既节省了人力成本，又提高了投资效率。同时，软件还会对风险作出深入分析，列举需要对冲的风险项目，颇具借鉴意义。目前，一些中国投资机构仍旧凭小道消息、直觉进行操盘，其判断误差极大。通过大量数据分析后，人工智能可检测出市场的欺诈信息，比如，公司估值过高或企业财务作假等。这些在复杂的计算后，便会原形毕露，从而为投资机构挽回不必要的损失。据悉，此类软件平台专门面向基金公司、私募股权投资（PE）和大型企业的投资部门。

在人工智能普及前，金融从业人员将其发现的规律写入程序中，计算机则根据程序自行交易。若该程序赚钱，说明发现该规律的人并不多，但时过境迁，当越来越多的人发现该规律，同样的程序，在投入交易后，会越挣越少。市场趋于更高效后，基金经理不得不去发掘新的规律，写出新的程序来投入交易。这类交易程序虽然由计算机完成，但人在这个过程中仍然扮演了至关重要的角色。但当 AlphaGo 取得成功后，金融科技从业者看到了新的曙光，人工智能几乎彻底地将人从交易中解脱出来。计算机可通过庞大的数据，自行分析规律，发掘规律。这也将人工智能推向了一个新高度。

把问题放到股票市场，计算机通过成千上万的证券和经济数据，自我发掘规律。当然也有计算机无法识别的假规律，基金经理还需要人为把关，将资源进行再次优化分配，去其糟粕，取其精华。

与此同时，过度拟合（overfitting）也是人工智能面临的另一个技术瓶颈，尽管计算机可以不知疲倦地进行计算，分析规律，但若数据样本有限、更新过快或样本参数过于复杂，就会出现偏差。计算机程序只能对当前的数据库进行分析，找出规律，一旦投入实战交易，遇到超出其演练的数据样本或新数据时，其表现往往会低于预期。

此时，不得不人为介入，对程序进行修正。众所周知，金融市场复杂多变，深度学习得来的模型在多变的市场中有效性很短，稳定性欠佳。随着市场的调整和变化，其有效性转瞬即逝。市场里鲜有一成不变的套利规律，当更多的人发现了同一个套利规律后，该规律便成为公开的秘密，也就不那么赚钱了。因此，在瞬息万变的市场不断涌现新数据时，为保持稳定性，人工智能系统不得不一次次地吸纳新数据，进行新的深度学习，以维护其有效性。当然，这也对硬件设备和计算机资源要求极高，深度学习的过程势必对计算机资源造成巨大的消耗，从侧面增加了金融机构的运行成本，这也是目前许多基金公司仍偏向于使用人工开发的规律进行交易的原因。如何解决过度拟合（Overfitting）问题，让人工智能变得稳定有效，也成为包括 Abundy 在内诸多金融科技公司的挑战。

考虑到计算机的种种局限性，人工智能通过大数据的分析能力未必能与顶尖的分析师媲美，但当金融数据趋于完备，邹昊期望人工智能可以至少达到中等分析师的水平。通过计算机对数据的快速分析处理，再结合市场规律和分析师的经验，人工智能能更快速、更有效地制定金融策略。届时，只有一些顶尖的团队和机构才能打败金融科技（Fintech），那些人云亦云者，在高科技面前，只能甘拜下风。他进一步举例说明，这就好比 Google 的无人驾驶汽车，无人驾驶技术的目标并不是超越赛车手舒马赫，但只要拥有普通大众的驾车技术，便足矣。

重建金融业格局

自 20 世纪 90 年代末期起，科技金融迅速崛起，美国乃至全球的传统金融行业受到严重冲击。首当其冲的是网上金融转账和商品交易，美国 Paypal、Stripe、Square 等支付平台的横空出世，使得一部分人改变了银行转账、信用卡支付的传统消费习惯，原有的金融业务逐渐被分流。金融科技乘胜追击，以其便捷、相对低廉的手续费等优势，受到消费者青睐，其实力不容小觑。

接着，互联网基金产品也逐渐在市场上崭露头角，美国的 Barclays Global Investors 等企业的 ETF 产品对传统银行发行的共同基金和理财产品盈利模式构成威胁。而在中国，余额宝的风靡还一度影响了传统银行储蓄贷款利差的利润。如何守住消费者那颗"见异思迁"的心将成为这些银行面临的新课题。

人工智能等高端金融科技近两年的飞速发展，更使一些原本捧着金饭碗的传统金融行业从业者逐渐褪去昔日的光芒。邹昊对记者说，为降低人力成本，许多机构已开始采用人工智能、大数据为基础的自动化资产管理软件和平台。

量化金融交易的重点，是分析以往的金融数据，摸出市场规律，并将市场参与者的理性行为量化成金融模型，以此挖掘市场的非理性行为进行套利。随着信息技术的发展，金融市场透明度日益提高，信息的传播速度更快，范围更广，因此，非理性现象的存续时间也越来越短，发掘的难度也随之提高。未来的量化交易将越发地依赖于对大数据的分析处理和低延迟性的交易执行（low latency trading），这也是大多数对冲基金未来的发展方向。

邹昊表示，金融危机与全球股市大幅震荡，使得全球金融企业更重视风险的控制，这也侧面增加了量化投资策略分析的需求。在挤压传统金融行业的同时，为自动化的运用和人工智能技术带来了新的发展机遇。运用人工智能和大数据技术提升大型金融机构的投资分析能力和风险管理效率将成为金融科技未来的发展趋势。美国对互联网金融严苛的监管，也为金融科技的发展提供了良好环境，使其能专注于科技研发，提高金融运作效率，对整个行业发展具有颠覆性意义。[1]

二、电磁力："高斯定律"与智能化管理

引经据典

世说新语·术解第二十

荀勖善解音声，时论谓之暗解。遂调律吕，正雅乐。每至正会，殿庭作乐，自调宫商，无不谐韵。阮咸妙赏，时谓神解。每公会作乐，而心谓之不调。既无一言直勖，意忌之，遂出阮为始平太守。后有一田父耕于野，得周时玉尺，便是天下正尺。荀试以校己所治钟鼓、金石、丝竹，皆觉短一黍，于是伏阮神识。

荀勖精通音律，当时的舆论认为他能自然领悟，因此由他调正乐律，校定祭祀朝会时的音乐。每当元旦朝会，宫廷奏乐时，荀勖亲自调节五音，韵律无不和谐。阮咸精于音乐鉴赏，当时人们都认为他对音乐有神妙的理解。每当集会演奏音乐时，阮咸总觉得音律不够正确，因此从不讲一句肯定荀勖的话。荀勖心里非常记恨他，就把他外放到始平做太守。后来一个农夫在田野力耕种，捡到一个周朝时的玉尺，这是天下校定音准的标准尺，荀勖就用它来校验自己所造的钟鼓、金石、丝竹乐器的音律，结果都短了一粒米的长度，自此荀勖才佩服阮咸对音乐神妙的见识。

理论探微

高斯是举世闻名的数学天才，他的研究对数学的若干领域

都产生了重大影响，除此之外，他还对理论物理学作出了重大贡献，其中最具代表性的当属他提出的高斯定律。高斯定律是与库仑定律齐名的电磁学定律，高斯定律独辟蹊径地阐释了电荷与电场的关系。而今，这一定律被经济学家们应用于经济管理学领域。

实战演练

厨房里的"科学家"

肥鸭餐厅（The Fat Duck）是一家1995年开设于英国伯克郡的米其林三星餐厅，主厨是著名的赫斯顿·布鲁门塔尔（Heston Blumenthal）。该餐厅的建筑是一幢拥有400多年历史的民宅，非常低调，在远处几乎看不到招牌。肥鸭餐厅的人均消费约为2 000元人民币，通常需要提前3个月预定。

对于英国美食，欧洲人之间流传着这样一个段子——有人吃了英国饭，问英国餐厅服务员："世界上还有比这更难吃的饭吗？"服务员傲然答道："有，芬兰饭！（芬兰餐是欧洲公认的最难吃的，没有之一）"

英国作为一个水产品丰富的岛国，其农作物种类十分有限，农产品几乎只有土豆和油菜籽可以种好。因此，英国美食追求自然风格也就成了"不得不"。这样想来，在路边吃个炸鱼和薯条真的就"很英国"了。

肥鸭餐厅的横空出世对于向来对英国美食有成见的人来说，简直是不可思议。肥鸭美食的特点并不是鸭子做得好，其亮点是"分子厨艺"，即根据不同食材间存在的分子联系进行烹饪，而这其中蕴含的"科技"与"艺术"成分都是值得食客们潜心欣赏的元素。

肥鸭餐厅的主厨赫斯顿·布鲁门塔尔早年从学校毕业后，做过建筑师、讨债人以及推销员。某次，赫斯顿来到法国一家二星级餐厅用餐，发现那里的美食与服务实在令自己着迷。于是，赫斯顿带着对美食的激情回到英国，并开始拜师学艺。没过多久，这位几乎是自学成才的天才厨师就可以自由创造美食了。

赫斯顿是"分子厨艺"的先锋，素有"厨房里的化学家"的美誉。他自设一间实验室，把严肃的科技引入食物中。他甚至还与布里斯托尔大学的物理学家彼得·巴勒姆合作，将一切可用的实验引入厨房。此外，他还一直学习其他领域的专业知识，希望能将一切美好的事物都恰如其分地移植在餐厅美食中。

经过不断研究和改良，赫斯顿除了研制出自己的招牌菜系，连英国的炸鱼薯条、意大利的披萨，甚至我国首都的烤鸭都在赫斯顿的全新演绎下变得更加完美。正如赫斯顿所说，"我是厨师，但不只是做饭的人。"

1999年，肥鸭餐厅获得了米其林的一星头衔，2002年加到二星，2004年终于加到三星。2007年，肥鸭餐厅在全英国的分店已经达到四家。从这一切看来，肥鸭餐厅的发展简直可以用"顺风顺水"来形容。然而，后面发生的事情却使肥鸭餐厅连遭重创。

2009年年初，多达500人声称在肥鸭餐厅用餐后感到不舒服，这使肥鸭餐厅及主厨赫斯顿遭遇了餐厅营业以来最大的一次危机。虽然，英国人对肥鸭餐厅依然选择了宽容，"它使我们脱离了只有薯条和炸鸡的日子。"然而，2月27日，赫斯顿仍然选择了停业整顿。直到 3 月 12 日彻底查清食物中毒原因后，肥鸭餐厅才重新营业。

2012 年 11 月，肥鸭餐厅的两名资深厨师——瑞典的卡尔·林德格林（Carl Lindgren）和英国的伊凡·乔治（Ivan Jorge）跟随赫斯顿到中国香港主持一场特殊宴会。工作间隙的 19 日，这两位副厨在一场发生在港岛的车祸中不幸身亡。

2014 年 3 月 31 日，赫斯顿再次宣布停业，理由是餐厅需要"闭关修炼"，并带着原班人马迁居澳洲 6 个月（2015 年 2 月 5 日至 8 月 15 日）。6 个月后，英国人终于喜笑颜开，因为肥鸭总店终于再次开张了。

三、智能管理理念与组织管理

🍍 引经据典

世说新语·栖逸第十八

阮步兵啸闻数百步。苏门山中，忽有真人，樵伐者咸共传说。阮籍往观，见其人拥膝岩侧，籍登岭就之，箕踞相对。

籍因对之长啸。良久，乃笑曰："可更作。"籍复啸。意尽，退还半岭许，闻上唒然有声，如树部鼓吹，林谷传响，顾看，乃向人啸也。

步兵校尉阮籍啸咏声闻数百步远。苏门山中，忽然来了一位真人,砍柴的人全都传说他的事。阮籍前往观看,看见那人抱膝在岩石边坐着,阮籍登上山岭走近他,展足展膝坐在他对面。

阮籍于是对着他长啸。过了好一会儿,他才笑道:"可以再啸。"阮籍又啸。心意抒尽,走下山区,当走到半山腰时,听到上面传来悠扬的声音,如同几部乐队在演奏,山谷中发出了回响,回头看,正是刚才那人在吟啸。

在古代的组织治理中,很大程度上倚重组织领导者或者是精英人物对组织成员的指令的有效传达,由于当时可以借助的沟通工具极为有限,因此指令发出者的声音所传播的范围和程度就成为直接影响管理效果的重要因素,文中的阮籍属于组织领导者,真人属于精英人物,他们都因异于常人的音调和声线而增加了对其所在组织成员的无形影响力,显然是后者略胜一筹。在现代组织治理中,手机所起到的沟通作用无可替代,其对于组织结构的重塑也具有重要意义。

理论探微

任何组织的建立和运行都是需要依托一定的结构来实现的。组织结构的重要性在于在任何一个系统中,结构决定功能。

工业化时代的组织结构是建立在牛顿力学范式基础之上的垂直组织,综合一体化、等级经济、指令与控制组织等组织结构。19世纪中后期管理学逐渐开始形成的时期,组织规模相对较小,对组织的管理也相对较容易。这个时期是由经验管理逐渐向科学管理过渡的时期。20世纪以来,特别是经历了"二战"后,西方发达国家的各种机构、团体和组织的规模不断扩大,新的时代带来新的竞争方式，新的时代需要新的组织结构和新的管理方式，过去结构简单的组织管理逐渐显得不合时宜，不得不进行根本性的变革。

为了更加直观地描述传统组织与现代组织之间的差异，我们分别用功能手机与智能手机作喻体，从以下几个方面对两者进行比较分析。

表 7.1　手机管理哲学分解图

组织构架	功能手机结构	智能手机结构
决策核心	单核	双核　三核　多核
组织文化	单一化信号网	多样化 SIM 卡
组织部门	层级化功能键	扁平化功能键
组织成员	数字字母硬键	数字字母智能键
现金流储备	电源适配器	电源适配器　充电宝
组织安保系统	加锁解锁键	智能密码锁

手机管理哲学视阈下，管理一个组织就像操控一部手机，传统的功能机只有单核驱动一种类型，而智能手机则升级为双核驱动、三核驱动及多核驱动等类型，就像"一言堂"的组织、"二人转"的组织和"三位一体"的组织，笔者认为具备"三位一体"决策核心的组织是最为科学高效的；最早的手机"大哥大"甚至都没有独立的SIM 卡，每个手机都通过天线直接与信号网络连接，也就没任何独立风格可言，现代的手机 SIM 卡分为易动、恋通、电芯，其中易动卡分为任我行、炫酷地带、全字通等，恋通卡包括随心通、新动力、宇宙风等，电芯卡则有飞翼和小神通，对于一个组织而言，独有的组织文化决定了他的特质，就像被植入特定类型的 SIM 卡的手

机一样,植入什么样的 SIM 卡是由手机主人定的,同理,塑造什么样的组织文化在很大程度上也由组织决策核心来定;手机可分为功能机和智能机两类,功能机只有几个主要按键,通常一个按键里面包含着许多层级的功能,这就像我们传统的多层次的组织结构一样,智能机的特色是各种功能按键都平铺在手机屏上,正如现代的扁平化的组织结构一般,孰优孰劣,不言自明;手机上的按键也大有文章,功能机的按键坚硬呆板,要费尽力气才能按动,这就像传统的员工管理方法,不用力压就出不了效率,智能机的按键则轻柔灵敏,用手指轻触就能起效,正如现代的员工管理模式,柔性管理居于主导;功能机只配备一个电源适配器,充电只能直接插在电源上进行,电流耗尽即刻关机,智能机除了电源适配器还有充电宝,电量不足时能应急过渡,手机的电量就像一个组织的现金流,如果"断流",组织就不能正常运转,传统的管理模式只单纯依靠从外界"引流",但现代的管理模式则注重"存量",一旦外界"断流",依然可以保持过渡性供给;功能机没有数据线,不能和外界直接交换信息资料,智能机则配有数据线,可以方便地与外界共享信息资料,在一个组织当中,传统的组织基本不重视决策中心附属部门建设,一大原因是这样的部门不直接创造效益,而现代化的组织则高度重视决策中心"附件"式部门的打造,如办公室就是一个组织上传下达、外联内聚的重要部门,能产生无形效益;功能机的保密功能是饱受诟病的,长按解锁键即可解锁,几乎无任何安全性可言,而智能机的密码锁则为个人信息构建了一道安全闸,非高手难以破译,对一个组织而言,安保系统的建设也有着至关重要的作用,传统的组织不重视安全和保密工作,常会因此而造成不可估量的损失，现代的组织则普遍重视智能化安保系统的建设，尤其是一些涉及组织机密的信息数据更应当被加上"密码锁"，这样才能确保公司长治久安。[2]

诺基亚手机　摄于某手机卖场

诺基亚浴火重生

提起诺基亚3310，应当是不少手机发烧友心中"永不磨灭的番号"。这款手机堪称功能机中的"机皇"，我们可以用"硬气""帅气"和"大气"三个关键词加以描述，首先是"硬气"，与当今动辄"屏碎"的某些智能机相比，诺基亚3310可谓是敲不扁、压不碎、摔不烂，堪称手机里的"战斗机"；其次是"帅气"，尤其是宝蓝色诺基亚3310，在阳光下的磨砂外壳熠熠生辉，让人爱不释手；再次是"大气"，在大哥大已经退隐江湖多年的情形下，诺基亚 3310 毅然扛起了大旗，其与生俱来的大气，让拥有者的舍我其谁的霸气油然而生。

诺基亚 3310 可视为功能机的巅峰之作，物极必反，一种新生事物必然要取而代之，于是智能机时代的大幕开启了，功能机时代呼风唤雨的诺基亚，在智能机时代可谓是步履蹒跚，断崖式的转折发生在 2010 年，这一年，苹果乔帮主祭出了真正改变世界的"神器"——iPhone 4，无数人的肾上腺素为之狂飙，在全球疯狂追捧的热潮中，保守的诺基亚高管们终于被狠狠打醒，他们太渴望通过革新来应对挑战了，于是诺基亚引进了第一位非芬兰籍 CEO，前微软高管埃洛普，他决定与微软签订协议，独家使用 WP 操作系统作为自家手机的独家操作平台，这也成为诺基亚沦为微软附属的开端，后面的故事人尽皆知，2013 年 9 月 2 日，微软宣布以 50 亿美元的价格收购诺基亚旗下大部分手机业务，另外再用 21.8 亿美元价格购买诺基亚专利许可证，微软计划和诺基亚携手共同研发 WP，目标是全球智能手机使用该系统比例达 15%。

然而，理想很丰满，现实很骨感，微软收购诺基亚手机之后，其业务并没有任何起色，大幅裁员也让诺基亚手机元气大伤，市场份额逐年萎缩。2016 年 5 月 18 日，微软公司和富士康子公司富智康及 HMD 公司达成协议，将旗下诺基亚功能手机业务以 3.5 亿美元的价格出售给上述两家公司，同时，富智康将收购微软移动越南事业部门，主要是微软设在越南河内的制造工厂。那么，富士康和 HMD 能点石成金吗？2018 年年初，诺基亚在巴塞罗那 MWC2018 展会上发布了五款手机：Nokia8 Sirocco、Nokia 7

Plus、Nokia 6、Nokia 8110(4G)、Nokia 1,尤其是 Nokia8 Sirocco,堪称诺基亚实现从功能机向智能机华丽转身的标志,Sirocco 的直译是西罗科风,意为从北非经地中海至南欧的常带来灰尘和雨水的热风。2018 年 3 月 27 日,这款手机率先在中国开售,源于北欧的简约风格和与生俱来的狂野气质完美地融合在这款手机上,这款手机也是安卓阵营中的一员,诺基亚果断放弃 WP 系统现在看来无疑是明智的抉择,相信浴火重生后的诺基亚将犹如夜空中最亮的那颗星,点亮全球手机用户头顶的星空!

参考文献

［1］"人工智能与未来教育"笔谈(上)[J].华东师范大学学报教育科学版,2017(7).

［2］吴斌.桃子管理[M].北京:经济日报出版社,2016.

第八章

融道利器：墨家管理技术

一、墨家：道器观

引经据典

世说新语·文学第四

郑玄在马融门下，三年不得相见，高足弟子传授而已。尝算浑天不合，诸弟子莫能解。或言玄能者，融召令算，一转便决，众咸骇服。及玄业成辞归，既而融有"礼乐皆东"之叹。恐玄擅名儿心忌焉。玄亦疑有追，乃坐桥下，在水上据屐。融果转式逐之，告左右曰："玄在土下水上而据木，此必死矣。"遂罢追，玄竟以得免。

郑玄在马融门下求学，三年都没有见到马融，只是由马融的高才弟子传授学位而已。马融曾用浑天仪测算天体位置，计算得不准确，弟子们也弄不清楚。有人说郑玄可以解决这个难题，马融就找来郑玄，让他测算，郑玄一推算就得到了结果，大家都惊叹佩服。后来郑玄学成离去，马融发出了"礼乐都随着郑玄东去了"的慨叹。马融担忧郑玄名声超过自己,心里很嫉妒;郑玄也疑心他们会前来追杀,就坐在桥下,脚上踏着木屐踏在水面。马融果然在转动栻盘占卜他的行踪,他对左右的人说:"郑玄现在土下水上,而且脚踩木头,可见他一定是死了。"于是就停止追赶。郑玄竟然得以脱身。

理论探微

墨子的道器兼修观强调的是,君子要实现道和器的通融,在墨子看来,道和器是互相通达的,道不仅表现为抽象的理论,更关乎现实的利益,道的本质属性是利人,欲利于人则需要借助器这项工具,而利人的目的则是行道,道和器是有机统一的。墨子的伟大创举在于,发现了器的价值和意义,并能够以器辅道,巧器以行道,这使得其行圣王君子之道于天下的理想具有现实性。[1]

道和器正如硬币的正反面,通常表现为应用性知识和实用性技术。所谓"道器兼修"指的是既要具备一定的应用性知识,又要掌握精湛的实用性技术。人类创造的知识大概可以分为抽象性知识和应用性知识两类,或者说是隐性知识和显性知识,分别对应中国传统文化中的玄学和显学,从春秋时期先贤孔子兴办私学直到南宋理学家朱熹创办白鹿洞书院,中国的民间教育一直延绵不绝,这些独立于官办教育体系之外的民间教育机构所传授的知识大多数是所谓的玄学,指向性也比较明确,即为官方培养后备人才和传播创办者的思想。墨子却走了一条大相径庭的道路,出身劳动人民阶层的他,身处江湖,不登庙堂,虽没有创办教授知识和传播思想的专门机构,但他的传道授业之所却遍及市井乡野,堪称中国乃至亚洲技术教育之开山鼻祖，他认为"圣人者，事无辞也，物无违也，故能为天下器。"墨子不仅没有把有关某种具体技能的事情称作鄙事，反而认为，关系到具体技能的事情也是君子之事，而那些发明了某种器具的人不仅不是小人，反而是真正的君子。

实战演练

创 新 无 疆

大疆创新科技有限公司创始人汪滔在谈及创业初衷时说："几十年间，我们的经济发展取得了显著成就，然而我们却鲜有能够打动世界的科技产品、文学及艺术作品，缺少文化价值观的输出，只能对舶来文化趋之若鹜。DJI就是个敢于说真话的孩子。这里由一群从不妥协、极富洞见、坚持梦想的人聚合而成。我们坚信实干而非投机，坚信梦想而非功利。我们坚决践行全新的文化价值观和思维方法论，从创始之初至今从未改变。"

他是消费级无人机的行业老大，占据70%的全球市场份额；他是全球无人机行业的第1位亿万富翁。他在宿舍创立的"大疆创新"正低调地主导着全球无人机革命。35岁的汪滔，以黑马姿态，拥300亿元身家成为最富有的80后白手起家富豪。

未来无所不能

为了做研究，汪滔可谓付出了一切，甚至在大学时代创业时期不惜逃课，还熬夜到凌晨5点。最终，他在宿舍中制造出飞行控制器的原型，2006年，他和自己的两位同学来到了中国制造业中心——深圳，在一所居民楼里，正式开启改变世界的创业之路。

2006年年底，公司出现危机。汪滔家族的世交陆迪慷慨解囊，投了9万美元（汪滔说，这是大疆历史上唯一一次需要外部资金的时刻），帮大疆渡过难关。后来，陆迪到大疆负责财务工作，今天已经成为大疆最大的股东之一。《福布斯》计算，他持有的16％股份不久将价值16亿美元。2008年，首款成熟产品面试。他研发的第一款较为成熟的直升机飞行控制系统XP3.1面市。2010年，重要人物谢嘉加盟大疆。谢嘉是汪滔的中学同学，加入后对大疆的发展起了重要作用，他负责市场营销的工作，同时也是汪滔的重要助手。谢嘉曾卖了房子投资大疆，今天他持有的14％股份预计价值14亿美元。2011年，大疆北美分公司成立。奎恩，美国人，当时经营一家从事航拍业务的创业公司，后来帮助大疆在得克萨斯州成立了大疆北美分公司，旨在将无人机引入大众市场。当时，他为该公司提出了新的口号："未来无所不能"（The Future of Possible）。2012年年底，黎明前夜，大疆已经拥有了一款完整无人机所需要的一切元素：软件、螺旋桨、支架、平衡环以及遥控器。2013年1月，发布"精灵"。这是第一款随时可以起飞的预装四旋翼飞行器：它在开箱一小时内就能飞行，而且第一次坠落不会造成解体。得益于简洁和易用的特性，"大疆精灵"撬动了非专业无人机市场。

注重品味的 CEO

在公司里，他强调最多的是"品味"二字。"在我们的父辈，中国一直缺乏能打动世界的产品，中国制造也始终摆脱不了靠性价比优势获得市场的局面，这个时代企业的成功应该有不一样的思想和价值观，大疆愿意专注地作出真正好的产品，扭转这种让人不太自豪的现状"。

　　而这一点更多体现在产品以及公司整体简约风格上。对于品味的把握弥漫在公司的上上下下，公司员工每天下午有时令水果供应，这些水果的图片都经过行政部门员工 P 图处理，保证图片呈现的质量。

　　跟大部分的 CEO 不同，汪滔出现在公众前谈论产品的机会少之又少，他和大疆的公关团队控制着公众获取这方面讯息的渠道，原因是害怕公众过于关注汪滔个人从而分散了关注产品的精力。这种避讳甚至远远超出一般 CEO，他甚至缺席大疆产品的发布会，从精灵系列到手持云台相机 Osmo 再到农林植保无人机，每一场划时代的发布会，汪滔往往都只活在媒体通稿里。对汪滔而言，产品中浓缩了所有他要说的话，无论大众是否接受、喜欢，他也不准备辩白剖析自己在研发时的故事以及心路历程。

　　如今大疆销售额已经超过 60 亿元人民币，汪滔也在去年被福布斯评为身价超 10 亿美元的无人机首富，但其依然保持最初创业时的衣着习惯：平常大都穿着衬衣，天气冷的时候在外面再套一件毛衫，只有在接待重要到访人物或者参加正式场合才会穿西装，其标志性的鸭舌帽总是不离身旁。

择　人　同　谋

　　与苹果一样，大疆的成名很大程度在于汪滔准确把握了个人消费市场的需求，这也是大疆能够占据市场的关键。让大疆与之后进入无人机市场的极飞、零度呈现不同的发展态势，并且快速地甩开竞争对手，在个人消费领域迅速占据主导份额。

2013年1月，大疆"精灵"无人机正式进入大众消费市场。在"精灵"之前，大疆主要产品针对专业航拍市场，产品操作起来有一定难度，价格也相对较贵。汪滔很快意识到在专业领域的较量其未必能拥有优势，推出"精灵"的初衷是为了防止竞争对手发起价格战争。"我们当时想做一款有成本效益的，不需要玩家自己组装就能随时起飞的产品。当时主要考量就是这款产品能够先于我们的对手进入低端机市场，并没有想要赚钱。"汪滔在早前接受媒体采访时曾表示。

这一举措拓展了消费无人机的市场空间，很快入门级的"精灵"在销量上超过了大疆其他专业级设备成为明星产品。"精灵"的出现也促使航拍市场人员分配重新整合。以往航拍门槛较高需要专业人员完成。"以前航拍最少也要有三个人分工：飞行、云台手、地勤保障，大疆推出'精灵'后，很多人买个GoPro就能够做航拍，市场准入门槛降低。"天翔航空科技创始人朱秋阳告诉记者。专业航拍团队受到冲击迫使许多航拍人寻求技术上的转型。

除了飞行器外，相机是整个部件中重要的一环。在这一环节，大疆的竞争对手是以运动相机著称的GoPro，最开始，汪滔希望与GoPro合作开发一款产品放到GoPro上去销售，而两家品牌却无法在最终合作上达成共识。从"精灵3"开始，大疆在系列上使用自主搭载的摄影设备。很快，"精灵2"被大疆所淘汰，在天猫旗舰店上，目前"精灵"系列只有第三代与第四代产品在售。[2]

中国每天有1万多家公司注册，平均1分钟能诞生7家公司。

然而，像大疆这样勇于创新的创业团队我们永远不嫌多，汪滔这样的创业狂人我们永远欢迎，因为这才是中国企业的未来和希望。

二、土：道器观管理的技术特性

引经据典

世说新语·捷悟第十一

魏武征袁本初，治装，余有数十斛竹片，咸长数寸，众运并不堪用，正令烧除。太祖思所以用之，谓可为竹椑楯，而未显其言。驰使问主簿杨德祖，应声答之，与帝心同。众伏其辨悟。

魏武帝曹操讨伐袁本初，准备行装时还剩下几十片斛竹片，都有几寸长，大家觉得没什么用处，要下令烧掉。武帝觉得很可惜，考虑怎么能派上用场，认为可以用来做竹盾牌，但他没有把这个想法说出来。他急速派人去问主簿杨德祖，杨德祖应声回答，答案和武帝一样，众人都佩服杨德祖的智慧。

理论探微

"儒墨之争"堪称中国思想文化演进史上的一道奇景，战国时期两大思想流派在民间广为流传，形成了"非儒即墨"的胶着态势。分水岭出现在汉武帝采纳了儒生董仲舒提出的"罢黜百家，独尊儒术"建议这一历史时刻，两者正式在官方层面决出了伯仲。儒家的正统思想地位得到确立之后,墨家一派从此不再显山露水,墨家子弟也决绝地走向了风雨之中,这一走就是千余年,直到 19 世纪中叶中国的大门被西洋火炮轰开,士大夫们才如初梦醒,他们在匪夷所思之际仓皇四顾,却惊奇地发现一度为自己所不屑的弟子——日本竟然在工业化的道路上一骑绝尘! 原来墨家思想的种子早已悄然飘洒到这个岛国的土地上,并且在工业革命的催化下开花结果! 在此后的数个世纪里,墨子穿越千年的坚定脚步声仿佛又再次响彻中华大地,亡羊补牢,犹未迟矣!

实战演练

京瓷之道——化瓷为刀的艺术

赤手空拳创立两家世界 500 强——京瓷和第二电电、成功重建日航、被誉为"日本经营之圣"的稻盛和夫从小在父亲的工厂里长大,目睹了父辈的辛勤劳作和匠心坚守,他一直视自己的这种特殊成长经历为事业取得成功的源动力。

他的父亲的工厂并不大,甚至只能称得上是家庭作坊。但就是在这样的环境里,他的父辈依然认真地对待手头的每一份工作,力图把每一件产品做得尽善尽美。他们身上体现出了一个技术人员对制造精神的坚持和信奉。"父亲是一个彻头彻尾的老实人,技术非常精湛……他从早到晚不停地忙碌,透露出一种工匠精神。"稻盛和夫的父亲,只是一个印刷作坊的经营者,生产的产品是不起眼的纸袋子。但他并没有因此而随便应付,而是付出自己的汗水和心血,把每一个纸袋子做到最好。如果没有刻苦钻研、力求上进的精神,以稻盛和夫父亲只有小学文化的知识,就不会达到这种水平。

稻盛和夫认为，可以通过一个产品看出生产者的心。他要求自己的员工在生产产品的时候要聚精会神，学会聆听产品的声音。这种勤奋和细致，使他日后取得了举世瞩目的成就。稻盛和夫说，他从父亲那里遗传了制造精神的灵魂。他制造精神的原点，就是这个小作坊里辛勤劳作着的父亲的身影。真正有匠心之人，应该像稻盛和夫父子那样，即使在不起眼的小作坊里，即使只是生产一个小小的纸袋，也愿意倾注自己的全部心思和汗水。匠人匠心，从来不问事情大小，只求尽善尽美——最不起眼的工作，才最能呈现一个人的内心。

童年形成的追求尽善尽美的秉性一直伴随着稻盛和夫，他大学毕业后进入一家即将破产的京都松风工业公司工作，这家公司的一大主营业务是开发松下公司委托的电视映像管陶瓷零件——U型绝缘体。当时这个公司的经营状况极其困难，甚至连职工的基本工资都时常难以支付，与他同时进入公司的同事因感到前途黯淡，纷纷跳槽，唯有他选择了坚守。他吃住在简陋的实验室中，以惊人的毅力开发出用于电视映像管的镁橄榄石陶瓷，这款产品甚至可以与 GE 公布的产品相媲美，更为了不起的是，他还成功地设计出一种专门烧制特种陶瓷的电热窑并将之出口到巴基斯坦。稻盛和夫研发出的特种陶瓷和设备给公司带来了可观的收益，甚至在一定程度上使公司转危为安，走上正常运营轨道，然而，不是贤才不遭嫉，走"技术流"路线的稻盛和夫受到了公司强势上司的欺压，性格刚毅的他毅然辞职，并与 8 位志同道合的同事"另立门户"，创立了京瓷公司的前身——一家高科技街道小企业。

虽然稻盛和夫他们是以高科技陶瓷技术创立公司的，但是当时高科技陶瓷技术并未成熟，为了研制出符合订货厂家所提出的高精密度产品，他们曾跑遍书店，却连一本相关书籍也没有。他们不得不像中国古代的陶瓷工匠一样反复进行烧结，对烧结出来的陶瓷产品进行观察、比较、分析，从配方、烧结时间和温度等各方面，逐渐地摸索出烧制高科技陶瓷的规律，走出了一条原发型创新的道路，他们研制生产的电视映像管的主要零件 U 型绝缘体，成为松下公司的不二选择，为 19 世纪 60 年代日本电视的普及作出了重要贡献；他们以质高价廉的优势，获得了索尼公司所需陶瓷零件的全部订单。他们还将目光投向了当时日本民众极为崇尚的美国，并赢得了美国 IBM 公司的订单，还将高科技陶瓷用在美国阿波罗号宇宙飞船上，使美国民众对京瓷这个日本品牌刮目相看。京瓷依靠持续的创新，在不到 10 年的时间里，由一家街道小企业发展成为中坚型企业，也是在日本最早实行国际化经营的企业。[3]

尤为难能可贵的是，京瓷的研发团队在不断向高精尖领域迈进的同时，也不忘将目光投向不起眼的家居用品创新上，并研发出了陶瓷厨刀、陶瓷削皮刀、陶瓷剪刀等一系列产品，这些家居用品具有美观度、性价比和耐久性"三高"的特点，因此深受日本国内和国际消费者的青睐。与特种陶瓷相比，技术含量相对较低的家居陶瓷用品更直观地诠释了京瓷之道的精髓，即一种化瓷为刀的艺术，一种以柔克刚的韧劲，一种至臻至善的态度，这就是道器兼修的工匠精神。

三、墨家思想与创新管理

引经据典

世说新语·巧艺第二十一

　　陵云台楼观精巧，先称平众木轻重，然后造构，乃无锱铢相负揭。台虽高峻，常随风摇动，而终无倾倒之理。魏明帝登台，惧其势危，别以大材扶持之，楼即颓坏。论者谓轻重力偏故也。

　　凌云台阁的结构精巧，建造的时候，先称了每根木头的轻重，然后才开始建造。这样一来，木头的轻重几乎没有什么差别。台虽然高峻，且常常随风飘摇，但是却始终都没有倒塌的可能。魏明帝登上陵云台，担心楼台危险，于是就命人用大木材将其支撑住，结果楼台瞬间倒塌了。当时人们议论纷纷，都说这是因为轻重失去平衡的缘故。

理论探微

　　在创新的过程中最难的是突破思维定式，创新理论的提出者熊彼特认为，创新者要想成功就必须摆脱旧有习惯思维的束缚，在日常领域、范围和时间内的工作中，为构思和制定新组合而拼搏，并且坚信新组合是真实可行的，而不是白日做梦。在经营管理的过程中，有相当比例的管理者善于运用线性思维，在这种思维方式的作用下，各项工作任务能得到有效地分解执行，组织成员在这种管理者眼中就像一个个无差别的齿轮，转动的频率和范围都由联动轴所控制，在这种模式下，组织成员就毫无创新精神可言了，而且一旦有一个环节出了差池，则会发生毁灭性的后果。

那么，如何突破线性思维的束缚呢？庖丁解牛的典故可以给予我们关于突破创新的启示，庖丁在解牛的工作经历中，逐步发现了一条规律，牛的筋骨间有间隙，经络间有纹理，用没有厚度的刀子插入牛的筋骨和经络之中，能够达到游刃有余的效果，因此庖丁用刀既不用砍，也不用割，而是用游走的方式，怪不得他的刀用了十九年仍崭新如故！

事实上庖丁是一名墨家修为深厚的人，是大隐隐于市的人物，他的这种创新思想完全可以为管理者所借鉴，如在对其他组织重组合并的过程当中，不到万不得已不用连根拔起式的手段，而不妨运用穿针引线式的方式，打通各部门之间的沟壑和壁垒，棘手的问题就会迎刃而解。

实战演练

当代鲁班的传奇

在瑞士苏黎世有这样一座房子，从外观看它就是一座普通的现代建筑，通透的玻璃幕墙一挂到底。梁、柱、檩等房屋的主体结构，全部用木材架构，这在看惯了钢筋混凝土的西方人眼中，简直就是一座建筑奇迹！再看细节，用的竟是几千年来中国传统的榫卯结构！作为中国古建筑精

作者观摩　榫卯结构建筑

髓的榫卯结构,中国早在 7 000 年前就发明并开始应用,各个构件之间的结点以榫卯相吻合,构成富有弹性的框架,不需要一颗钉子,就能造出异常坚固,传承几百甚至上千年的房子。

而这种工艺在传到日本后,被日本工匠一代代传承改进,称为"河合继手"。瑞士这座 Tamedia 媒体大厦,就是由熟稔"河合继手"的日本建筑师坂茂设计完成。在敲定设计方案的基础上,他用近 2 000 m³ 的循环再生的云杉木,打造出每一个部件和榫卯结构。然后像搭积木、拼装玩具般,用榫卯结构将各个独立的部件连接在一起。由于各个木质部件紧密结合在一起,万一出现地震、火灾等情况,就有可能因为一个部件的损毁,导致大面积坍塌,为了避免这种情况,梁、柱都进行了特殊设计,让受力更加均匀合理,一定程度上保障了建筑的稳固。而在实际的建造过程中,工人只需将组合好的部件,按图纸组装在一起,大大降低了施工成本以及对环境的污染。

这样像魔法似的仅用木头就搭建起如此一座宏伟的建筑,让众多不懂榫卯结构的外国人不可思议,世界再一次见证了"河合继手"的神奇。

参考文献

［1］肖双荣.墨子的道器兼修思想[J].湖南人文科技学院学报,2009(10).

［2］王思琪.大疆汪涛.偏执狂非标准化 CEO 将带领大疆走向何方[N].第一财经日报,2016.3.9

［3］刘荣.日本京瓷公司的自主创新之路及其启示[J].现代日本经济,2007(6).

第九章

分享化管理：管理4.0的路径

一、经营：组织分享化管理的路径分析

引经据典

《世说新语·方正第五》

诸葛亮之此渭滨，关中震动。魏明帝深惧晋宣王战，乃谴辛毗为军司马。宣王既与亮对渭而陈，亮设诱谲万方，宣王果大忿，将欲应之以重兵。亮遣间谍觇之，还曰："有一老夫，毅然仗黄钺，当军门立，军不得出。"亮曰："此必辛佐治也。"

诸葛亮屯兵于渭水之滨，关中大为震动。魏明帝曹叡深怕晋宣王司马懿出战，就派遣辛毗作他的军师。司马宣王已和诸葛亮相隔渭水而对阵，亮千方百计设诱骗之局引他出战，宣王果然大怒，将要以重兵应战。诸葛亮派间谍刺报军情，间谍回来说："有一个老先生，手持黄钺坚定地站在军营门口，军队出不来。"诸葛亮说："这人必定是辛佐治。"

理论探微

法规和战术恰如管理武器库中的"倚天剑"和"屠龙刀"，只有两者合璧，才能实现效用最大化，在实际管理过程中，经营管理者应当把握两条原则：一是内法外兵的原则，在组织内部管理中运用严明的法纪来规范组织成员的行为，保障利益的合理分配；在组织对外经营中，应善于在竞争中保持自身的信息等方面优势，争取主动权。二是要明确未来的竞争是一种均势竞争，也就是一种共享式的发展模式，竞争参与者共同受一定的法规的约束，信息的互通共享已经代替了传统的各自为阵，或者说大家都被放在一个更加公平和透明的竞争体系之中，合作共赢成为主流的发展模式。在不远的将来，均势竞争市场会成为居于主流地位的一种市场模式，这一点将在本书最后一章得到阐释。

实战演练

共享式出行风靡全球

当下的中国，共享经济这个"火苗"已有燎原之势，所谓共享经济，是通过众人在线协作，直接从彼处租赁床位、汽车以及其他资产，就像 eBay 能让任何人成为零售商一样，共享服务网站也会适时地让个人扮演临时出租车服务、汽车租赁或酒店服务商的角色。从多方面而言，这种协作消费是件好事，它让业主从未充分使用的资产中获利，让租客节省费用，还能通过减少对资源的浪费而带来巨大的环保价值。此外，共享经济正为企业提供一些新的发展机会，并动摇传统运输业、旅游业、设备制造业甚至更多行业的地位。

摩拜单车
摄于浙江丽水中山街

人们对共享经济发展的主要担忧是相关监管的不确定性，现在该是关注共享经济的时候了。

一种时尚而新颖的共享单车——摩拜一夜之间在大街小巷上涌现出来。叶松平是一名浙江籍的退伍转业士官，尚未正式在家乡入职的他最喜欢的活动就是骑着摩拜单车探亲访友，他说，在市区骑着这种单车出行既绿色环保，还不受普通车锁的束缚，同时又不失时尚前卫，价格也可谓实惠到家——花5元钱就能爽快地骑上3个月。总而言之，就是一款升级版的共享单车，他还积极地把摩拜推荐给身边的朋友，正是无数个像叶松平这样的人才促成了摩拜的空前成功。摩拜创始人，草根型创业女青年胡玮炜认为，摩拜重新定义了自行车，让自行车重新回归城市，她创业成功的秘诀之一是重视"回归到本质的力量"。如今，摩拜已经在各大城市中开展"圈地运动"，2017年4月26日，港铁（深圳）与摩拜单车宣布达成深度合作，在地铁4号线沿线建设的首批摩拜单车推荐停车点正式启用，市民可使用摩拜单车直接到达4号线站点出入口搭乘地铁，或搭乘地铁直接从地铁站点出入口换骑摩拜单车前往周边目的地，当然，国内的其他品牌共享单车，如ofo小黄车也和摩拜展开了近乎白热化的竞争，但是总体而言还处于有序可控范围内。

当前，摩拜单车已经悄然登录英国、日本、新加坡等发达国家，2017年7月25日，摩拜单车正式进驻意大利佛罗伦萨和米兰两座国际名城，这是摩拜单车勾勒全球版图的一个里程碑，凭借着令人惊喜的创新，以及高科技、高品质的卓越形象，共享单车甚至被誉为中国"新四大发明"之一。

二、强核力与弱核力：双赢共生理念与可持续发展

引经据典

世说新语·赏誉

有问秀才："吴旧姓如何？"答曰："吴府君，圣王之老成，明时之俊乂；朱永长，理物之至德，清选之高望；严仲弼，久皋之鸣鹤，空谷之白驹；顾彦先，八音之琴瑟，五色之龙章；张威伯，岁寒之茂松，幽夜之逸光；陆士衡、士龙，鸿鹄之裴回，悬鼓之待槌。凡此诸君，以洪笔为锄耒，以纸札为良田，以玄默为稼穑，以义理为丰年，以谈论为英华，以忠恕为珍宝，著文章为锦绣，蕴五经为缯帛，坐谦虚为席荐，张义让为帷幕，行仁义为室

宇,修道德为广宅。"

有人问蔡洪："吴地旧时的几个望族大姓情况是怎样的?"回答说："府君吴展是圣贤君王年高有德的辅弼,清明时代才德出众的人才;朱永长,是执政治民有盛德的人,清要职务最有威望的人选;严仲弼,是迂曲深远的沼泽地上鸣叫的仙鹤,山谷中皎皎的白驹;顾彦先,是各类乐器中最优雅的琴瑟,是各种色彩图案中最光明耀眼的龙章;张威伯,是严冬中茂盛的松柏,黑夜中放出的光芒;陆士衡、陆士龙,是空中盘旋的天鹅,等待敲的悬鼓。这几个人,都是把巨笔当作锄,把纸张竹简当作良田,把清静无为当作稼,把获取经义名理当作丰收,把谈玄论道当作奇葩,把忠实厚道当作奇珍异宝,把著述文章当作织锦绣缎,把积累蕴藏五经学问当作储积缯帛,把谦逊自抑作为席垫,把张大礼让作为帷幕,把施行仁义道德作为房舍,把修养道德情操作为宽广的住宅。"

理论探微

强核力和弱核力分别对应法家和兵家,强核力把原子核中的质子和中子束缚在一起,又将质子和中子中的夸克束缚在一起,强核力的禁闭性质把粒子束缚成不带颜色的结合体,强核力还有一种渐进自由的性质,在正常能量下,强核力的确很强;但是强作用力在高能量下变得弱很多。弱核力负责放射性现象,并只作用于自旋为二分之一的所有物质粒子,而且值得注意的是,弱核力和电磁力在20世纪60年代得到了统一。但要实现物理学的力的大一统还是任重道远。

法家和兵家思想正是聚合性思维和发散性思维的集中体现。

这两种思维方式和处世模式恰如硬币的正反面，如运用自得当，则能够取得单一思维模式所难以企及的效果。

实战演练

阿米巴经营——收放有度的利器

稻盛和夫是日本四大经营之神之一，他一手打造了京瓷公司和第二电电两家世界五百强企业，其经营秘诀在于他创立的阿米巴经营学。

阿米巴经营的一个关键方面是以经营为基础的全员参加的经营。提出这一条，是因为创立京瓷的时候，日本社会的形势背景是第二次世界大战之后，日本的劳资对立激化，特别是在京都，这种倾向更为严重。为什么会产生劳资对立？一方面劳动者只强调自己的权利，往往不愿意去理解经营者的痛苦和烦恼。而另一方面，经营者也不愿理解劳动者的痛苦，不注意保护他们的权利。或许还有其他许多社会性原因，总之，劳资双方只是强调自我一方，执著于追求自身的利益，缺乏对对方的同情和体谅。要消除劳资对立，经营者就要认真理解劳动者的立场，尊重他们的权利，同时必须把劳动者的意识提高到与经营者相同的水平。如果经营者和劳动者具备相同的思维方式、相同的观点，那么劳资对立的问题就一定能够消除。

但是在日本的社会制度里，不存在这样形态的企业。于是，稻盛和夫在心中暗下决心，一定要让经营者和员工具有相同的意识，完全像一个家族一样，无论如何都要创建这样的公司。基于这样一种思考，稻盛和夫把大家族主义放进了京瓷经营哲学的骨架里面，就是说，全体员工像一个家族，互帮互助，没有对抗，共同经营。

为此，前面已经谈到，首先把化小的作业单位委托给阿米巴长管理，培养尽可能多的具备经营意识的人才，但是把组织化小，仍有他的限度，因此，为了超越劳资的立场，让经营者和员工团结一致，稻盛和夫提出了让全体员工都能接受、都能认同的企业经营目的，也就是努力地让企业的经营理念为全体员工所共有。京瓷的经营理念是：在追求全体员工物质和精神两方面幸福的同时，为人类社会的进步和发展作出贡献。就是说，京瓷这个企业把追求全体员工物质以及精神的幸福是放在第一位的，在此基础之上，为社会、为世人做出贡献。把这样的理念当作经营企业的大义名分。这样的经营理念每个人都能接受，都能够引起共鸣。由此，员工们就会把京瓷当作自己的公司，就会努力地工作。同时，经营者为了实现员工与自己的幸福，也会全身心地投入经营当中。其结果是经营者和员工能够成为同志和亲人，为同一目的抱同样意识，共同奋斗。

从这点出发，稻盛和夫不断地强调企业的这一经营理念，利用各种机会，向员工们解释其中的意义之所在，努力地让员工们共有这一理念。这样，让大义名分为员工们所共有，就能够超越经营者和员工各自强调自我中心这样对立的结构，从而实现全员参加的经营，这就是阿米巴经营的精髓所在。

阿米巴经营将法人经营做到了极致，每一个阿米巴的负责人就是一个小法人，不但负责这个小微型组织的内部管理，履行公司高层赋予的职责使命，而且作为阿米巴的代表对外行使经营权，带领阿米巴成员摧城拔寨，将组织的利益最大化。阿米巴经营可以说生动诠释了法家思想和兵家思想的精髓，堪称组织管理的一大创新。

三、分享管理理念与组织管理

 引经据典

世说新语·贤媛

许允为吏部郎，多用其乡里，魏明帝遣虎贲收之。其妇出戒允曰："明主可以理夺，难以情求。"既至，帝核问之，允对曰："'举尔所知'，臣之乡人，臣所知也。陛之检校，为称职与不？如不称职，臣受其罪。"既检校，皆官得其人，于是乃释。允衣服败坏，诏赐新衣。初允被收，举家号哭。阮新妇自若，云："勿忧，寻还。"作粟粥待。顷之，允至。

许允当了吏部郎，起用了不少他的同乡，魏明帝曹叡派遣武士来拘捕他。他的妻子告诫许允说："明主可以用道理使他改变成命，不能用人情去哀求。"到了朝廷上，明帝审问他，许允回答说："'举尔所知'，是选人的原则，我的同乡正是我所了解的人。陛下查核，这些人称职与否，如果不称职，我愿领罪。"查核后，各个官职都是合适的人选，于是就放了他。看到许允的衣服破败，明帝下诏赐予新衣。当初许允被捕时，全家人号哭，阮妻神态自若，说："不必担忧，马上就会回来。"做好了小米粥等着他。一会儿，许允到了。

缔造了民营经济奇迹的浙江温州,同时也是家族企业的乐土,这种经济模式具有很强的地域性和草根性,福建晋江、广东番禺等民营经济蓬勃发展的地区,也与温州的区域经济模式有着异曲同工之妙。纵观由华人缔造的跨国企业,家族治理模式屡见不鲜,那么,这种模式的利与弊究竟该如何甄别和考量呢?

曾有一位企业家十分自豪地说:"我的企业一天也离不开我,没有我大家就不知道该干什么,整个公司陷入一团糟。"听起来,这位企业家非常成功,事实上,在这种理念主导下的企业运营模式是一种不健康的畸形模式。因为再强悍的人也有垮掉的一天,而这种大包独揽式的作风早已为公司的垮塌埋下伏笔。对于一家公司来说,如何培育一把手的代理人是极为重要的课题,甚至毫不夸张地说是一个关系到公司生死存亡的问题。

现代管理学理论认为:内部提升是指组织成员的能力增强并得到充分的证实后,被委以需要承担更大责任的更高职务。这样的内部培育和提升模式具有的优点在于:有利于鼓舞士气,调动组织成员的积极性;有利于吸引外部人才;有利于被提升者迅速展开工作。

在选拔任用代理人的过程中,不能抱着一蹴而就,一劳永逸的心理,不能光考量其能力,而忽略其对组织的忠诚度和在成员中的公信力,尤其是对于空降式任命的代理人,能力或许在组织中难有出其右者,但他却很容易水土不服,即使他能很快融入角色,也未必能让"老将"们心悦诚服，会导致人心涣散的后果。

在代理人的培育上，企业家绝对偷不得一点懒，就好像一位董事长要培养一位助理，没有日积月累的功夫，肯定是不能顺利实现的，因为这个助理要能担当董事长不在时代替他行使领导全体员工职权的重任，而董事长又能对这个人进行远程遥控。对于企业家来说，一定要善于从公司内部发掘和培养"将才"，并逐渐帮助他成长，只有这样才能逐步将自己从公司的日常管理中解放出来，而成为一名轻松自如的决策者。

《太上感应篇直讲》有云："犹不梯而楼，不花而果，其能登之人，能结之木，几何哉。"在功利主义和工具主义泛滥的年代，想要保持一颗超脱淡然的心实属不易，南怀瑾老先生说："要以出世的心态来做入世的事情。"对于企业管理者来说尤为如是。

实战演练

2008年全球金融危机来袭之时，许多"巨无霸"型的民营企业在一夜之间轰然倒塌，让人们不由开始反思企业的无序化非理性扩张。事实上，企业发展到一定程度开始扩大自己的业务范围本无可厚非，但应当是在"专"基础上的"博"，而不是像摊大饼一样盲目扩张，我们应当相信通过夯实企业自主创新的基础，再加上足够的人才资源和合理的利益分配机制，企业的多元化发展终会水到渠成。从人的因素来分析，企业的企字由上面一个"人"和下面一个"止"构成，意即无人则止，因此企业组织的核心只能是人，要想实现企业的全面发展，首先要实现企业员工的全面发展，而企业家作为企业成员中最重要的一员，要千方百计地率先实现自身的自由全面可持续发展，再带动决策层成员的自由全面可持续发展，而后以点带面，积极致力于基本实现员工的自由全面可持续发展，从而打造出一家具备永续动力的企业。

商道即人道，包括资金、技术、信息在内的各种资源都掌握在人的手中，国家之间竞争的实质是人才和智力资源的竞争，企业之间竞争的关键也在于管理、科研、营销等各类人才的PK，千军易得，一将难求，体现的正是这个道理。因此，企业在不断拓展业务的同时，一定要高度重视人才资源的储备。当今，越来越多的中国民营企业在经历过大浪淘沙般的历练后，逐步认识到人本管理理念在企业管理中的重要作用，并开始注重激发企业员工的能动性和创造性，企业也完成了从时不时需要"输血"到能够自我"造血"的转变。

第十章

尚简:法家管理法则

一、法家:尚简观

引经据典

世说新语·政事第三

殷仲凯当之荆州,王东亭问曰:"德以居全为称,仁以不害物为名。方今宰牧华夏,处杀戮之职,与本操将不乖乎?"

殷仲凯将去荆州任刺史,东亭侯王珣问道:"德是以保全操守为善,仁是以不害人为本。现在您掌管治理华夏,身处杀戮的职位,这与你本来的操守不相违背吗?"殷仲凯回答说:"皋陶制定刑法制度,不算不贤德;孔丘身居司寇之职,不算不仁爱。"

理论探微

法理学,或者称为法哲学,是对法律行为起指导作用的理论和观念。**中华法理学扎根于自然经济的土壤，形成了与西方法理学迥然而异的理论体系，其最为典型的特征有三方面：一是蕴含着深厚的自然法学思想，**天人合一、人命关天、王子犯法与庶民同罪等观念在中华法理学的演进过程中打下了烙印，从中可以体会到人本主义理念和民本主义思想，这在世界法理学领域都是不多见的，与深受宗教神学思想影响的西方法理学相比，有很大的进步性；**二是注重"统"而轻视"分"，**从隋朝一直到清朝，治国的根本大法通常只设一部，如唐朝的《唐律疏议》、明朝的《大明律》、清朝的《大清律》，便于执法者运用，也使民众易于接受，当然也有一定的弊端，首先体现在给执法者过于宽松的执法尺度，在断案时难免带入主观因素，其次是由于没有分门别类的部门法，一定程度上影响到法律的溯及力，在经济社会管理中更多倚重政府管理行为。**三是恪宁防治平衡的原则。**中医素有"未病先治"的治疗观念，中华法理学则相应地有"未罪先防"的理念，孙中山提出的五权分立思想中，除了与西方的三权分立原则竞合的立法权、司法权、行政权，还包含独创性的监察权，为国家治理体系中预防腐败与犯罪的重要一维。

法学是一门纯正的显学，在诸子百家当中，最能于乱世之中辅助统治者达到安邦兴国目标的恐怕非法家莫属，法家学派代表人物韩非子提出了实行法治的三大"利器"，即立法分明、信赏必罚、秉权而立，三条原则都共同指向了尚简的法家特质。从理论构建到经世致用绝非一蹴而就，然而法家思想的锋芒却很快显现，战国末年，秦国变法图强，商鞅立木为信，举国上下为之一振，既而除沉疴，立法度，秦国迅速走上兴国强军之路，并最终扫灭六国，建立了秦王朝。汉武帝施行"罢黜百家，独尊儒术"的国策之后，法家逐步走向与儒家融合的过程，当然也保持了自身的相对独立性，德主刑辅、儒阳法阴的态势得以确立和延续。

实战演练

刘伯温像　摄于浙江丽水处州老街刘祠堂背

明朝重典治国

《大明律》是明朝的一部成文法，由明朝开国皇帝朱元璋总结历代法律施行的经验教训而制订完成。朱元璋非常重视法律的制定，《大明律》是其一生中"劳心焦思，虑患防微近二十载"的经验总结，是他经过反复修改，"凡七誊稿"，字斟句酌的"不刊之典"。他视其为维护朱明皇朝长治久安的法宝。《大明律》是中国封建社会后期的典型法典，具有鲜明的时代特色。它虽然以《唐律》为蓝本，但在形式和内容上都有发展。在形式上，结构更为合理，文字更为简明；在内容上，经济、军事、行政、诉讼方面的立法更为充实；在定罪判刑上，"事关典礼及风俗教化等事，定罪较轻；贼盗及有关帑项钱粮等事，定罪较重"。其律文结构和量刑原则对《大清律》有较大影响。

1367年，朱元璋自称吴王，当年十月，朱元璋命左丞相李善长、御史中丞刘基等议定律令。十二月，编成《律令》四百三十条，其中律二百八十五条，令一百四十五条。同时又颁《律令直解》，以训释《律令》文意。洪武六年十一月，明太祖朱元璋命刑部尚书刘惟谦等以《律令》为基础，详定《大明律》。次年二月修成，颁行天下。其篇目仿《唐律》分为《卫禁》《斗讼》《诈伪》《杂律》《捕亡》《断狱》《名例》等十二篇，三十卷，六百零六条。二十二年又对此作较大的修改，以《名例律》冠于篇首，按六部职掌分为吏、户、礼、兵、刑、工六律，共三十卷，四百六十条，传统的法律体例结构至此面目为之大变。三十年五月重新颁布，同时规定废除其他榜文和禁例，决狱以此为准。由于朱元璋严禁嗣君"变乱成法"，此次重颁《大明律》后，终明之世未再修订。有变通之处，则发布诏令或制定条例，辅律而行。弘治十三年（1500）制定《问刑条例》二百七十九条。嘉靖二十九年（1550）重修，增内三百七十六条；万历十三年（1585）又重修，增内三百八十二条。此后律、例并行。

为把《大明律》贯彻到社会的各个方面，朱元璋还汇集官民"犯罪"事例来解释律条。洪武十八年颁行《大诰》,次年又颁《大诰续编》《三编》,二十一年又颁赐《大诰武臣》,令全国官吏军民诵习。其目的是通过律令的教育和宣传,使广大人民服从封建统治。明律无论形式或内容都较之前代法律多有创新和发展。《大明律》以六部分类,使古来律式为之一变;结构合理,文字简明;适应君主专制主义的强化和商品经济发展的需要,其惩治经济、行政、军事方面犯罪和诉讼制度方面的立法,较之前代更为发达;在定罪量刑上,体现了"世轻世重""轻其轻罪""重其重罪"的原则;逐步形成和实行律例合编,律例并用,使统治集团得以在保障律典长期稳定不变的前提下,更能灵活地适时立法,发挥其在治国实践中的效用。正由于如此,明律的内容大多为清律所沿袭,并对日本和朝鲜、越南等东亚洲国家的法律制度产生了重大影响。

二、金:尚简观管理法则

引经据典

世说新语·政事第三

殷浩始作扬州,刘尹行,日小欲晚,便使左右取襆。人问其故,答曰:"刺史严,不敢也行夜行。"

殷浩初任扬州刺史时,丹阳尹刘□出行,天刚刚将晚,就叫手下人取出衣被行李准备歇宿。有人问他什么原因,回答说:"刺史执法严厉,不敢夜间行走。"

理论探微

中华法理学是中华管理理论体系中的一个重要组成部分,其一大特征是注重理论法的构建,而实体法的建设则远不如西方法系完备,其预防和保障职能的权重也远高于规范和惩戒作用,强调激发被管理对象的内在理性。

中华法理学采取的具体的措施:一是通过持续的法治教育,增强被管理对象的法治意识;二是采用震慑式的策略,结合权威治理,来达到立竿见影的效果;三是注重扶正祛邪,标本兼职,即政府制度层面的修复和完善,以实现治下的长治久安。一言以蔽之,中国的立法者将法律作为一项治理工具,以天下太平清明和民众勤劳担当为奋斗目标,为社会和谐有序运营提供坚实保障。

实战演练

五险一金:法治经营的"试金石"

五险一金是企业给员工提供的基础保障,包括养老、医疗、失业、工伤和生育等保险,还有一个住房公积金,根据我国《社会保险法》等相关法律法规,用人单位有义务给自己的员工缴纳五险一金。但是有很多企业通过各种方式规避五险一金,不愿意给员工缴纳五险一金,特别是对一些体力劳动的劳动者,例如快递员和外卖员。

京东每年为一线的快递员缴纳的五险一金超过10亿元,2016年缴纳了27亿元,要知道2016年京东一年才盈利10亿元,要是把五险一金像快递公司一样不给配送员缴纳，那么一年就可以省下来 20 几亿的钱。刘强东表示省下的这些钱是耻辱的，不能为了省钱而克扣了员工退休之后的保命钱。CCTV2 有一个关于刘强东的采访，谈到京东给员工交五险一金，其实很多人并不知道，大多数劳动密集型企业都不能像京东一样全员全额足额地缴纳五险一金。虽然给员工缴纳五险一金不是什么了不起的事情，但能够为超过 70％的蓝领兄弟们全额、足额缴纳五险一金，付出比别的企业多五倍、六倍的代价，只有京东做到了！

在京东集团 2017 年年会上，京东集团 CEO 刘强东正式对外公布了京东集团未来十二年的战略。刘强东表示，时代正在发生快速、剧烈的变化，未来十年科技的进步速度将超过过去 100 年，在以人工智能为代表的第四次商业革命来临之际，京东集团将坚定地朝着技术转型，用技术将第一个十二年建立的所有商业模式进行改造，打造一个包括智能商业、智能金融、智能保险业务在内的全球领先的智能商业体，并在下一个十二年结束之前，进入全球500 强企业的前十位。

用刘强东的话说，京东所有的业务都完全遵照国家法律法规展开，所有的商业都符合最基本的社会道德，集团全额交税、不卖水货假货、不偷逃员工的五险一金，不行贿受贿。集团靠走正道把一个小柜台带成全球 500 强 300 多位，京东人用实际行动向全社会、向无数年轻人、向无数企业家证明，向无数创业者证明，合法经营是可以成功的，是可以赚到利润的。只有让无数年轻人相信合法做生意、走正道也可以成功，我们的社会才真正会更好。每一个京东人领的工资，企业账户上每一分钱都是干净的，京东人可以睡得着觉，可以摸着自己的良心，没有任何愧疚之感，这才是企业社会责任之根基。

2017 年，京东历史上第一次公布了双 11 的交易额数字。京东公布双 11 战报显示，11 月 1 日至 11 月 11 日早 7 时 46 分 58 秒期间，京东 11.11 全球好物节累计下单金额突破 1 000 亿元；截至 11 月 11 日 24:00，累计下单金额超 1271 亿元。尽管京东超过千亿元的销售额是累计的金额，但超 1 000 亿元的成绩对于京东来说是个不小的跨越。

三、"垂法而治"与法人治理结构

 引经据典

世说新语·政事第三

王安期为东海郡。小吏盗池中鱼，纲纪推之。王曰："文王之囿，与众共之。池鱼复何足惜！"

王安期任东海郡内吏。有个小吏偷了池塘里的鱼，主簿查究他。王安期说："周文王的苑囿，与民众共同享用。池塘里的鱼又有什么值得吝惜的！"

理论探微

西方自然法学思想产生于希腊城邦时代。先哲对自然法思想作出了最初的表述。但是使自然法真正成为完整理论并发挥了重要作用的是斯多葛派。这一派信奉的哲学将自然的过程看作一种受铁的必然性支配的过程。在他们看来，"理性"是宇宙秩序的支配者，渗透和弥漫于宇宙万物之中，将万物都置于其不可抗拒的力量之下。宇宙是一个绝对的统一整体，而人是这个绝对统一整体中不可分离的组成部分，是一个小宇宙。因此，人也必然受那种弥漫于宇宙之中的普遍规则的支配，这个支配宇宙和人的"理性"就是自然法。它贯穿于一切事物之中，是人的行为的最高准则。

中华法学的开山之作当首推老子的《道德经》，这本书也是自然法学的集大成者，在这本书中老子开宗明义地指出道是一种取之不尽、用之不竭、悠远绵长的事物，是万物的始祖，这与斯多葛派对宇宙理性的认识有异曲同工之妙，而且两者都认为这种理性能够内化到人的心中，不以人的意志为转移。

这种"理性"或者说"道"是玄之又玄、变幻无常的，人作为其载体必然要顺势而变才能与之相适应。因此，寻求变化是人的一大天性，是顺应自然规律的，这在经营管理领域就表现为市场参与者的创新，只有持之以恒的创新才是适应市场经济环境的不二法门，因此市场监管者要千方百地计促进市场主体的创新，并出台相应政策法规为创新发展保驾护航。

实战演练

沃尔玛稀释股权及产权结构的优化

为什么欧美家族企业传承会保持旺盛的生命力，且还能做大、做强？主要源于稀释股权与产权结构的优化，建立起家族企业与非家族企业员工的利益共同体。正是这些原因,不仅使得沃尔玛成功地从一个家族经营型企业转变为充满活力的现代企业,同时也令其成功传承三代,家族财富也在传承中增值。

在美国,真正对美国经济和社会有影响力的是沃尔顿家族。他们的财富比比尔·盖茨和巴菲特的财富之和还要多。说沃尔顿家族富可敌国不夸张,说沃尔玛加速推进全球化进程与改变社会生活习惯也不为过。家族企业大都上演着"其兴也勃焉,其亡也忽焉"的传承铁律。1992 年山姆·沃尔顿去世后,全美各地无数小店都在打赌:沃尔玛百货即将盛极而衰。他们认定,山姆"建立的企业灵魂将随之改变",他的遗孀和儿女不具有他的经营天才,也不太可能把大权转移给他人。一旦失去灵魂,沃尔玛注定要萎缩、消逝。

但这些打赌全都落空。沃尔玛的权杖由山姆·沃尔顿的长子罗布森·沃尔顿接下,其担任沃尔玛董事会主席 20 多年来,公司净销售增长超过 4 000 亿美元,营业总利润增长超过 220 亿美元,员工总数从 37 万人增加到 138 万人,商店从 1 700 家增到 4 400 家,年销售收入增加了 5 倍。

二代传承成功后,人们又开始关注第三代传承。2015 年 6 月 5 日,在沃尔玛股东大会上,70 岁的罗布森·沃尔顿宣布,公司董事会选举 45 岁的山姆·沃尔顿的孙女婿 Greg Penner 为公司新任董事会主席,该决定从宣布当日起生效。Penner 在电商、财务、零售等方面经验丰富,尤其重视电商业务,而这正是处于转型期的沃尔玛所需要的。

我们有必要分析一下沃尔玛传承成功的经验。沃尔顿家族在创办与传承企业的过程中,首要因素是按现代企业治理结构运行。我们传承理念的误区之一是,认为创业企业家是杰出的人才,企业必须仰仗具有领袖气质的企业家来领导;家族企业的衰亡,主要是接班人不具有领袖气质。实际上,并非如此。

家族企业传承是超越企业家、超越产品、超越技术、超越财富的传承,它是组织的传承、机构的传承、价值观的传承。所有家族企业的传承者,不论多么具有领袖魅力,多么高瞻远瞩,最后都会离世。

我们常常看到,创业企业家在传承时不愿放弃手中的权仗,为什么?

因为他传承的是财富、权力与地位,传承就等于放弃这世俗的一切。如果传承的是理念、精神、设计与组织,那么他放弃的仅仅是世俗的权力与财富,而企业在精神层面上依然属于自己,这就走出了马斯洛的地下室,带来了人生最高层次的自我实现。

创业者传承的过程就是把自己创办的企业传承给与自己有共同的理念和精神的人,或者传承给自己培养起来的有相同理念、精神的人。中国家族企业创办人为什么不愿意从董事长、CEO、总经理的位置下退下来?根本原因是缺乏济世情怀,缺少精神追求,包括那些自认为优秀与成功的企业家,至少大部分人是如此。

家族企业传承,如果仅仅是人的传承、财富的传承,而不是组织的传承,不是组织的理念、精神、文化与设计的传承,这种传承是过不了三代的。

山姆·沃尔顿是智慧与务实之人,他有效地把美国家族企业传承的两大特征融合在一起,即把子承父业与引入职业经理人有效地融合在一起。可以看出，沃尔玛的成功与传承的成功，关键要素是：

首先，企业治理结构之设计与传承方面，山姆·沃尔顿与其他企业领袖的区别在于他更像一个建筑设计师。他把一生大部分时间都无休止地花在努力建立和发展沃尔玛的组织调整能力上，而不是自己的领袖性格。

钱德勒曾指出，管理职业化程度的差异是美、英国际竞争力差距的重要原因。这一结论同样适用于中国家族企业的传承。中国家族企业失败的主要原因大多是见钱不见人，是金钱拜物教，有钱就任性，而不是关注成长的核心：对人的尊重、对人力资本的尊重、对非家族成员的尊重，让社会人力资本有效地融合，特别是让职业经理人能真正发挥作用。

其次，山姆·沃尔顿特别重视法人结构的治理。沃尔玛从创办之初就构建现代家族企业法人治理结构。借助完善的资本市场，规定家族成员持股不能超越40%，严禁家族擅权干政，使家族企业公众化和非人格化。

家族企业传承与可持续发展的必由途径应该是产权的社会化，而所有权的让渡，则是产权社会化的主要措施。对于家族股份的主动稀释，是家族企业传承的必然选择。要么主动选择而成功传承，要么被动选择而在传承中死去。

为什么欧美家族企业传承能保持旺盛的生命力，且还能做大、做强？主要源于稀释股权与产权结构的优化，建立起家族企业与非家族企业员工的利益共同体。正是这些原因，不仅使得沃尔玛成功地从一个家族经营型企业转变为充满活力的现代企业，同时也令其成功传承三代，家族财富也在传承中增值、超值。

最后，家族企业的传承是企业价值观的传承。《沃尔玛王朝》的作者罗伯特·斯莱特认为：沃尔玛之所以能够延续辉煌，完全得益于其公司创办人制定的"尊重个人，服务顾客，追求卓越"的企业文化与经营理念，并在历届领导者中成功传承。

其实，家族企业传承成功多半奠基于无形事物之上：信仰、想法，与看不见的理念，这类特殊的无形资产。如同美国的建国英雄，是国家治理的制度设计者，而不是治理国家的操盘手。

办企业，利润是生存的必要条件，但对家族企业传承来说，这些东西不是其生命的目的。家族企业传承的意义不仅仅在于创造长期的利润，还在于将它们融入社会，进而造福人类。

第十一章

求精:兵家管理策略

一、兵家:求精观

引经据典

世说新语·雅量第六

谢公与人围棋,俄而谢玄淮上信至,看书竟,默然无言,徐向局。客问淮上利害,答曰:"小儿辈大破贼。"意色举止,不异常人。

公元 383 年,前秦苻坚率大军南侵,布阵于淮河、淝水之间,企图灭亡东晋。东晋王朝任命谢安为征讨大都督,谢安派遣其弟谢石、侄谢玄征讨,并于淝水大败苻坚,此为历史上著名的以少胜多战例——淝水之战。而在前方战事正酣时,谢安却淡定地在家与友人对弈,谈笑间强敌灰飞烟灭,不失为一代儒将,江东英才。

理论探微

春秋战国时期是我国古代战争和军事理论大发展时期,其中具有里程碑式意义的事件,当属《孙子兵法》这部具有划时代意义的"战略论"的问世。在整部《孙子兵法》中,到处都渗透着孙子对于"全胜"的追求,将战争的成本降至最低,而将战争的收益扩至最大,这可以作为对"全胜"的一种诠释。战之万变,皆在谋中,而善用谋者,总能以最小的损失换得最大的胜利,最终达到"以全争于天下"的目的。

在管理学中,存在着一种"末端控制效应",即只有高度重视临门一脚的关键作用,方能将胜利成果收入囊中,否则就有可能遭至前功尽弃的后果。孙子的"求精"思想要求我们做到善于把握"拧紧最后一颗螺丝钉"式的细节,同时,孙子也在书中多次强调了巩固胜利的重要性,他认为,即使取得了战争的胜利,若不能将其巩固,也是一件有风险的事情。

实战演练

中国饮食文化走向世界

若投票选出 2017 年世界餐饮界的十件大事,麦当劳被中信集团以 20.8 亿美元收购其在中国内地和中国香港业务肯定高居榜首,这标志着中国饮食文化取得了又一里程碑式的胜利。

饮食文化是一个国家和民族的核心文化,例如法国的鹅肝、英国的鱼和炸土豆条、德国的汉堡包,都是助力这些国家文化软实力影响世界的"利器"。在世界饮食文化中,中国菜一直享有很高的美誉度。中国菜之所以在世界上享有盛名,不仅因为其色、香、味俱全,而且中国菜的菜名经常能够"出奇制胜",从而促进中国饮食文化走向世界。

从食材来看，豆芽称为"龙须"，鸡蛋名为"芙蓉"或"凤凰"，鸡翅称作"华秀"，鸡爪名曰："凤爪"，豆腐又叫作"白玉"等。顾客会觉得"龙须"、"白玉"这些菜名更具有文化内涵。不少菜名能够变俗为美，既形象又生动，引起人们的食欲。比如用豆腐、番茄加青菜做的汤叫"珍珠玛瑙翡翠汤"，再如"金钩挂玉牌"就是黄豆芽放在豆腐上，"龙凤呈祥"是鸡与蛇放在一起红烧……

还有一些代表"吉祥"含义的菜名。例如，过中国年时，家家总有一道鱼菜，取"年年有余"之意；竹笋炒猪排骨是"步步高升"；"金钱满地"就是冬菇摆在青菜上；把茶叶蛋、松花蛋、卤味、咸鸭蛋等放在一起的菜肴叫"丹凤朝阳"；用红白萝卜和染色萝卜垫底，上面摆上八颗樱桃，插支孔雀的羽毛，再摆上一只母鸡头，这道菜叫"孔雀开屏"。还有一些菜品，人们在意的不是它的味道，而是菜名所引发的联想，像"掌上明珠""踏雪寻梅""苦凤怜鸾""翠柳啼红""金声玉振""碧血黄沙""苦凤怜鸾"等。

2017年12月3日至5日，第四届世界互联网大会在浙江乌镇召开，第四次"乌镇晚宴"也随之拉开帷幕，互联网大佬们的盛宴吸引了全球网民的眼球，尤其是网易董事局主席丁磊带来的味央黑猪肉更是圈粉无数。互联网＋美食的经营模式已然在中华大地遍地开花。

二、火:求精观管理策略

世说新语·豪爽十三

庾稚恭既常有中原之志,文康时,权重未在己;及季坚作相,忌兵畏祸事,与稚恭历同异者久之,乃果行。倾荆、汉之力,穷舟车之势,师次于襄阳。大会参佐,陈其旌甲,亲授弧矢,曰:"我之此行,若此射矣。"遂三起三叠。徒众属目,其气十倍。

庾稚恭早就有收复中原的抱负,庾亮当政时,大权不在自己手中;等到庾季坚作丞相,他忌讳战争、畏惧兵祸,和雅恭的观点主张抵触了许久之后,才同意进行北伐。庾雅恭调集荆州、汉水一代全部兵力,出动所有船只战车,屯兵于襄阳。召僚属部下们集会,部陈旌旗兵甲,亲自拉弓射箭,说:"我此次行动,就像这箭一样。"于是三发三中。部众注目,群情振奋,士气大增。

理论探微

中国兵书,浩如烟海,《兵经百言》堪称独树一帜,其中收录的一百个字条,继承并发展了上下古今的兵家思想精华,并将之贯穿起来,构成一个较为完整的体系。该书作者揭暄,字子宣,明末广昌人。史载:"暄少负奇气,喜论兵,慷慨自任。独闭门户精思,得其要妙,著为《兵经》《战书》,皆古所未有。"暄云:"兵法,从来有传无经。七子之言，支离破碎；百将之行，各师异智。"于是，他便以一百字，将各种兵法思想观念，作战方法等纳入相应的类别中，从而将其精华融会贯通，遂成了《兵经》。《兵经》全书共分三个部分，上卷智部，28 字条，主要讲设计用谋的方法、原则；中卷法部，44 字条，主要讲组织指挥及治军的方法、原则；下卷衍部，28 字条，主要讲天数、阴阳及作战中应注意的问题。

《兵经》提倡先发制人。它把"先"字放在通篇之首，并将先发制人的运用艺术分成四种境界：调动军队应能挫败敌人的计谋为"先声"；每每比敌人先占必争之地者为"先手"；不靠短兵相接而靠预告设下的计谋取胜为"先机"；不用争战应能制止战争，战事未发应能取胜为"先天"。"先为最，先天之用尤为最，能用先者，能运全经矣。"可见"先"是揭暄之首倡。"致人而不致于人""兵无谋不战""不战而屈人之兵"与"先发制人"存在着内部联系，都体现了在战争中积极进取的强烈竞争意识。总之，这部书理论明确，深入浅出，篇中百字，可谓字字珠玑。百字内容，相互贯通，互为表里，互相对应，互相补充，先看后看，都给人以启迪，有茅塞顿开之感。其中的哲理警句也耐人寻味。[1]

实战演练

一流企业的"三线"总部

浙江艾莱依羽绒制品有限公司是国内羽绒制品行业的翘楚。提到浙江省的知名民营企业，人们总是习惯性地将其定格在浙江、宁波、温州这个"铁三角"内，但艾莱依却将集团总部设在了一个三线城市——浙江丽水，那么，国内羽绒制品行业的大姐大怎么会作

艾莱依集团总部大楼　　摄于浙江丽水城北路

出这样一个剑走偏锋的决策呢？

　　艾莱依是由生长在重庆的陈频女士创立的，大学毕业后的她为爱扎根山城丽水，并且在这里撒播下了创业的种子，经过几十年的艰辛创业，艾莱依凭借过硬的质量和时尚的设计，逐步在业内脱颖而出，艾莱依恰似一只羽翼渐丰的金凤凰，飞出了山城丽水，飞向了全中国甚至全世界。发展壮大后，集团总部的选址成为了决策层的一件头等大事，以艾莱依的规模和实力，将总部建在北、上、广等一线城市也可谓是顺理成章,但却为何最终花落三线城市丽水呢?

　　首先,丽水这座城市的发展定位与艾莱依不谋而合。近年来,丽水地方政府秉持"绿水青山就是金山银山"的发展理念,大力发展休闲养生产业,在2012年11月,当地经信委发布了《丽水市生态休闲养老用品制造业发展规划》,其中的重点产业部分对日用生态休闲品制造业的羽绒服装制品制订了发展方向,即依托艾莱依等龙头企业,重点发展羽绒服装、羽绒家纺等产品,顺应市场发展潮流,在花色品种、面料、款式格式上进行创新,发展时尚化、个性化、生态休闲化和运动化四大类型的羽绒服,同时加大对羽绒被、羽绒靠垫、羽绒枕、睡袋等羽绒寝具的开发力度,针对消费者的市场需求生产多款式、多品种的羽绒寝具。积极开发和引进先进纺织技术和工艺,研发新颖的羽绒制品专用面料产品。实施品牌战略,提高产品附加值,进一步做大做强特色羽绒制品业。预计到2020年丽水市羽绒制品产值目标突破85亿元。

　　《规划》同时明确指出,加快推进艾莱依集团等企业的总部经济园建设,着力打造总部经济基地。进一步明确丽水市区在发展生态休闲养生(养老)用品制造业中的作用和定位,不断提升城市的功能和管理,加快完善生态休闲养生经济发展的各项配套服务和集散功能,使丽水市区成为服务全市、带动周边,具有较强竞争能力、服务能力、集聚能力和辐射能力的全市养生养老经济发展核心区和总部经济基地。艾莱依正是在当地政策利好的形势下才决意回归的。

　　其次,艾莱依着力打造的是后方"指挥部"式的集团总部,总部位于丽水市区的北环路南侧，离高铁站只有10分钟车程，总部与丽水艾莱依工业园剥离，地方政府在艾莱依总部与位于南面的艾莱依厂区所在的当地工业园区之间修筑了宽敞的道路，距离只有5分钟车程。这样做的优势在于：一是有利于公司的对外联络和客户体验，总部是一家公司的中枢和门面，如苹果公司新建的总部大楼可谓是企业总部建设的一大经典，不仅让公司中高层管理人员和工程师们有了引以为傲的办公场所，而且让企业产品的拥趸们能够便捷地在大楼体验各类最新的创新科技成果；二是能充分保障中高层管理人员和研发设计人员拥有一个有利于激发创新的工作环境，从而全力投入管理创新和技术创新当中，使管理者和技术人员更多地将精力投入创造性的工作当中，而不是将大量时间精力放在机械重复的工作当中无疑是具有前瞻性的举措；三是充分赋予企业基层管理人员和一线员工自我管理的权限，艾莱依的文化推崇自我管理，并且取得了较好的实践成果，总部和工业园剥离的决策可以说是推进基层一线员工高度自我管理的一次大胆实践探索，这也顺应了工业4.0时代现场管理高度智能化的形势。

最后，毗邻总部大楼的是一片由集团建设的商用住宅区，有别墅、多层、小高层等户型，据悉，集团将指定其中部分房源为职工用房，职工可以享受到优惠价格，这样在一定程度上解决了职工的"住房难"问题，让他们体验在家门口上班的惬意，从而更加安心地投入工作，不失为一招妙棋。相比一线甚至二线城市的大部分企业，职工在上下班途中普遍需要耗费数个小时的情况，可谓是艾莱依的一项人才竞争优势。

总而言之，艾莱依集团的总部战略决策不失为一项多赢的举措，其长远效益将逐步显现。

三、兵家五行思想与战略管理

🍍 引经据典

孙 子 兵 法

《地形篇》有云："我出而不利，彼出而不利，曰支；之形者，敌虽利我，我不出也；引而去之，令敌半出而击之。"

《用间篇》有云："必索敌人之间来间我者，因而利之，导而舍之，故反间可得而用也。因是而知之，故乡间、内间可得而使也。因是而知之，故死间为诳事，可使告敌。因是而知之，故生间可使如期。"

《兵势篇》有云："故善战人之势，如转圆石于千仞之山者，势也。"

《谋攻篇》有云："是故百战百胜，非善之善者也；不战而屈人之兵，善之善者也。"

《谋攻篇》有云："故君之所以患于军者三：不知军之不可以进而谓之进，不知军之不可以退而谓之退，是谓'縻'军；不知三军之事，而同三军之政者，则军士惑矣；不知三军之权，而同三军之任，则军士疑矣。三军既惑且疑，则诸侯之难至矣，是谓'乱军引胜。'"

《九地篇》有云："是故政举之日，夷关折符，无通其使，厉于廊庙之上，以诛其事。敌人开阖，必亟入之。先其所爱，微与之期。

践墨随敌，以战事。是故始如处女，敌人开户；后如脱兔，敌不及拒。"

《地形篇》讲道："我军前出不利，敌军也前出不利的地域，叫支形。在支形地域，敌军虽然以利引诱我，也不要出击，应率军佯装撤退，引诱敌军前出一半时突然回军攻击，这样就会有利。"

《用间篇》讲道："必须查出来侦查我方情况的敌方间谍，用优厚待遇和金钱收买他们，对他们进行引诱开导，然后交给他们任务，放他们回去，这样就可以使他们成为反间，为我所用。有了反间提供的情报，就可培植利用乡间和内间，根据反间提供的情报和死间传播的假情报，就可以通过反间而告之敌人；也是因为有了反间，我方的生间就可以按预定的时间来汇报敌情。"

《兵势篇》讲道："善于指挥作战的人所造成的有利态势，就像将圆石放在万丈高山上一样，随时可以翻滚下来，其能量势不可当，坚不可摧。这就是所谓的"势"——一切有利因素表现出来的必胜的趋势。"

《谋攻篇》讲道："所以百战百胜，虽然高明，但不是最高明的；不用武力进攻就能使敌人降服，才是最高明的。"

《谋攻篇》讲道："君主可能对军队造成不利的情况有三种：不懂得军队不可以进攻，却硬要军队进攻，不懂得军队不可以撤退，却硬要军队撤退，这就是束缚军队；不了解军队的各种事务，却非要干涉军队的行政管理，这样就会使将士感到迷惑；不知道战略战术的权宜变化，却非要干涉军队的指挥，这样就会使将士产生疑惑。将士既迷惑又疑惑，那么其他诸侯就会乘机发难进兵，灾难也就降临了。这就叫作指挥不当乱其军而丧失了胜利的机会。"

《九地篇》讲道："在决定对敌宣战、举兵出征时，要封锁关口，废除通行证件，不许敌国使者来往；召集群臣，在朝廷反复商讨征伐大计。敌人一旦出现间隙，一定要迅速乘虚而入。首先夺取敌人最看重的战略要地，不应轻易与敌人约期作战。破除陈规，一切根据敌情变化，灵活机动地决定自己的作战计划和行动。因此，作战前要像少女那样娴静，不露声色，诱使敌人松懈，失去警惕，门户大开；一旦战争开始，就要想逃脱的兔子一样，行动异常迅捷，使敌人措手不及，无法抵抗。"

理论探微

将中华武术中的棍术与兵法相结合，取棍的英文 stick 的首字母 s，即诞生了 6s 治理模式这一创新性的组织治理模式。

木：围圈棍

在团队管理当中，你不妨给被管理对象甚至是团队中地位高于自己的人画几个圈，让不屑一顾破坏禁忌的人吃到苦头，然后再借机在心理上打压对方，从而达到提升自己在团队当中影响力的目的。

将之运用于人力资源管理中，假如在你所管辖范围内尽是刺头，则不妨暂时先采用防御性战略，行韬晦之计，让人放松戒备，然后瞅准时机精心布下"口袋"，让最冒尖的那个刺头率先扎破"袋子"，这时你再稳稳当当地举起棍子给其迎头一击，然后再把跟风的一个个收入囊中，这样就能达到使你的"疆域"内长治久安的目的。

将之运用于事务处理中，我们可以把日常要处理的各类事务用简单紧急事务、复杂紧急事务、重要次急事务、次要次急事务以及次要不急事务进行排序处理,这五类事务分别对应五行的木、火、土、金、水,这样就能在处理日常事务时做到有条不紊,游刃有余。

水：遁形棍

将之运用于人力资源管理中,在现代商业社会,商业间谍可谓屡见不鲜,他们长期处于没有硝烟的战场中,西装革履地出入高档会所,举手投足透露出优雅自信,然而他们却能给一个公司带来致命的损失。因此,如何加强对商业间谍的防控成为了现代大型公司的一门必修课,这就需要决策者具备知己知彼的谋略,方能在风云变幻的商战中立于不败之地。

将之运用于事务处理中,要善于利用信息不对称优势,将关键信息及时有效地传递给组织成员,并且想方设法降低对手的关键信息传播效率,从而达到于无形中制胜的目的。

金：擎天棍

将之运用于人力资源管理中,要善于用"杀威棒"式的策略,使对方被己方逼人的锐气所压制,这一招在双方相互试探实力阶段尤为有效,运用得当几乎能起到一劳永逸的效果,从而保护己方利益不受侵犯,并使对方如惊弓之鸟般丧失对抗意志。

将之运用于事务处理中,要注重"标杆"的引领作用,要么不做,要做就做好,尤其是在初试锋芒阶段,一场"漂亮仗"对于鼓舞士气具有重要的意义。

土：千钧棍

将之运用于人力资源管理中，要善于从心理上来击垮对方，运用"化骨绵掌"般的巧劲挫伤其锐气并瓦解其斗志，如在商业谈判的白热化阶段，适时亮出一两件己方一直"雪藏"的"杀手锏"，可以起到"压垮对方的那最后一束稻草"的突破性作用，进而在谈判桌上占据主动，这正体现了"千钧棍"的精要。

将之运用于事务处理中，凭借常规方式难以攻克的"拦路虎"，应当积极寻求"四两拨千斤"的解决路径，精准出击，直达"病灶"，从而达到克"敌"于无形的效果。

阴阳：散花棍

将之运用于人力资源管理中，收放有度才是授权的至高境界，作为一名管理者，应当准确把握授权的对象、时机、限度，既不能只抓不放，又不能盲目授权，其中最关键的是在建立起有效监督制约机制的基础上把握一个平衡点，只有这样才能确保授权的行之有效和组织的平稳有序。

将之运用于事务处理中，要明白"不把鸡蛋都放在一个篮子中"的道理，适度地分解目标任务，化繁为简，然后再汇集提炼，就能收到比"单打一"好得多的效果。

火：秒杀棍

将之运用于人力资源管理中，这种管理战术的运用需要在天时、地利、人和等综合因素的共同作用下方能凸显威力，如果不到火候就轻易出招，可能不仅不能成功"秒杀"对方，反而会让对方抓住你的"破绽"，借机翻盘，这样的案例也数不胜数。谋定而后动，三思而后行，在做好充分的准备工作和应急预案之后再正式出手也不迟，一旦出招就应当以迅雷不及掩耳之势让对方无力招架，这样才能取得实效。

将之运用于事务处理中，要高度重视"临门一脚"的关键性作用，就如同足球比赛，之前的传接配合都是为了一记射门，最后时刻的发力尤为重要，成败皆系于此。

实战演练

铸剑为犁的策略

剑与犁的辩证关系是亘古不变的主题，在农耕时代，持剑者是扶犁人的守护者，扶犁人是持剑者的供给者，这是一种牢不可破的社会关系，两者之间又是泾渭分明的，相互不会越雷池一步，一旦发生了大规模的角色转换，则预示着社会被撕裂，换而言之，这是封建王朝更迭之际才会出现的现象。能游刃有余地在这两种身份间转换之人实属凤毛麟角，而华商鼻祖——范蠡则是当之无愧的一位。

范蠡，字少伯，春秋末期楚宛三户（今河南省南阳市淅川县）人，政治家、军事家、经济学家，后人尊称"商圣"，是中国道商之鼻祖。越国著名谋臣，与文种一起俱为勾践股肱大臣，最终灭吴兴越。范蠡大约出生于公元前536年，约于公元前448年无疾而终，享年高龄，几近百岁，被称为中国商人圣祖。

范蠡之于勾践，恰如伍子胥之于夫差，他们都在吴国和越国这两个微型"超级大国"的殊死博弈中留下了浓墨重彩的一笔。毫无疑问，范蠡是深谙韬晦术的人，作为越王勾践身边的第一谋臣，在越国战败后，他与主公共历国耻，一同去了吴王夫差的宫殿中当奴仆，摒弃锦衣玉食，拾起粗衣粝食，这对患难君臣可谓是尝遍了人间的屈辱，甚至在夫差生病时，勾践还在与范蠡商议之后毅然决然地为他"尝粪探病"，可谓是穷尽心智。幸而他们这对君臣的种种忠心耿耿的行为深深打动了夫差的心，三年之后，决定放他们回国，这可真是放虎归山。回国后，勾践卧薪尝胆，君民一心，采纳了范蠡、文种等谋臣提出的向夫差进献美女西施之计，让夫差进一步放松了对越国的戒备，三十八年（前 482 年），志得意满的夫差率吴军主力进至黄池（今河南封丘西南），与晋及中原诸侯会盟，"欲霸中国"。当吴王夫差在黄池与晋定公争做盟主时，越王勾践分兵两路攻吴。一部兵力自海入淮，断吴主力回援之路，掩护主力作战；其自率主力直趋吴都，在郊区泓水歼灭迎战之吴军，并乘势攻入吴都。夫差南归，恐因国都失守士气下降及远程奔返造成部队疲惫、决战不利，派人请和。勾践亦以吴军主力未损，不愿进行无把握的决战，遂与吴订和约后撤军。四十二年，吴国发生灾荒，范蠡等谋臣又策划了为吴国民众提供煮熟的稻种之计，吴国的灾荒愈发严重，军心涣散，民心大乱。越乘机发动进攻，与迎战吴军在笠泽（在今江苏吴江一带）隔江相峙。越军利用夜暗，以两翼伴渡诱使吴军分兵，然后集中精锐，实施敌前潜渡、中间突破，并连续进攻，扩大战果，创造了中国战争史上较早的河川进攻的成功战例。笠泽之战后，吴、越力量对比发生了根本变化，越已占有绝对优势。周元王元年（前 475 年），越再度攻吴。吴军无力迎战，据都城防守。越于吴都西南郊筑城，谋长期围困。吴八次遣使请和，均遭越拒绝。三年，城破，夫差自杀，吴亡。勾践率军"北渡江淮，与齐、晋诸侯会于徐州"。周元王封勾践为伯。"越兵横行于江淮东,诸侯毕贺,号称霸王"(《史记·越王勾践世家》),越终于成为春秋时期的最后一任霸主。

灭吴后,范蠡向勾践提出了自己隐退的想法。勾践极力挽留,并威胁他说,如果坚持要走的话,就会杀掉范蠡及其妻子。但范蠡并不动摇,决然地走了。范蠡辗转来到齐国,变姓名为鸱夷子皮,在海边结庐而居。戮力耕作,兼营副业,很快积累了数千万家产。范蠡仗义疏财,施善乡梓,他的贤明能干被齐人赏识,齐王把他请进国都临淄,拜为主持政务的相国。他喟然感叹:"居官致于卿相,治家能致千金;对于一个白手起家的布衣来讲,已经到了极点。久受尊名,恐怕不是吉祥的征兆。"于是,才三年,他再次急流勇退,向齐王归还了相印,散尽家财给知交和老乡。一身布衣,范蠡第三次迁徙至陶(今山东肥城陶山,或山东定陶),在这个居于"天下之中"(陶地东邻齐、鲁;西接秦、郑;北通晋、燕;南连楚、越)的最佳经商之地,操计然之术(根据时节、气候、民情、风俗等,人弃我取、人取我予,顺其自然、待机而动)以治产,没出几年,经商积资又成巨富,遂自号陶朱公,当地民众皆尊陶朱公为财神,乃我国道德经商——儒商之鼻祖。史学家司马迁称:"范蠡三迁皆有荣名。"史书中有语概括其平生:"与时逐而不责于人。"世人誉之:"忠以为国;智以保身;商以致富,成名天下"。

概括起来,范蠡的经商要诀有以下几方面:

其一,注意选择经商环境,把握有利时机,运用市场规律,做事有准备,不盲目。据时而动,得失均衡。范蠡关于把握时机的全面论述很有现代价值。他的待乏原则实际上是要求经营者站在时机的面前,超时以待,就像以网张鱼须迎之方能获猎。

其二，"知斗则修备，时用则知物，二者形则万货之情可得而观已。"知道要打仗，所以要从各方面做好准备，知道货物何时需用，才懂得货物的价值。只有把时和用这两者的关系搞清楚了，那么各种货物的供需情况和行情才能看得清楚。

其三是从时而追。抓住现时得时无怠，因为时不再来，天予不取，反为之灾。处于这种境况要讲究一个快字，指出从时者，犹救火，追亡人。

销售理论，贵出贱取。贵出如粪土，当商品价格涨到最高点时，要果断出手。贵上极则反贱。贱取如珠玉，当商品价格跌落到最低点，要像珠玉一样买进，贱下极则反贵。

三八价格，农末俱利。范蠡以为"夫粜，二十病农，九十病末，末病则财不出，农病则草不辟矣。上不过八十，下不减三十，则农末俱利"。商人的利益受到损害，就不会经营粮食商品；农民的利益受到损害，就不会去发展农业生产。商人与农民同时受害，就会影响国家的财政收入。最好的办法就是由政府把粮食价格控制在八十和三十之间，这样农民和商人就可以同时获利。

积着理论。"积着之理，务完物，无息币。以物相贸易，腐败而食之货勿留，无敢居贵。"要合理地贮存商品，加速资金周转，保证货物质量。

薄利多销。范蠡主张逐十一之利，薄利多销，不求暴利，这种非常人性化的主张，符合中国传统思想中经商求诚信、求义的原则。[2]

范蠡"富好行其德"，是因为他意识到物聚必散，天道使然。《道德经》有云："圣人不积，既以为人已愈有，既以与人已愈多。"范蠡从人有盛衰、泰终必否的道理中隐约感觉到"久受尊名不祥"的道理，可以说与老子的思想有异曲同工之妙。

参考文献

［1］戴庞海等,注译:兵经百字 唐李问对［M］.郑州:中州古籍出版社,2010.

［2］做生意必学商圣,2500 年前就将经济学用的炉火纯青［OL］. http://www. sohu. com/a/121887039_530630.

第十二章

从经验管理到理性管理的嬗变

一、"苹果"与"桃子"——从经验主义到理性主义

引经据典

易经·天地否

否。否之匪人,不利君子贞。大往小来。

初六:拔茅茹,以其彙。贞吉亨。

六二:包承。小人吉,大人否亨。

六三:包羞。

九四:有命无咎,畴离祉。

九五:休否,大人吉。其亡,其亡!系于苞桑。

上九:倾否,先否后喜。

否卦下坤上乾,表现的是阳气在上却要上升,阴气在下却还要下沉,难以形成相接的局面,导致万物不生,闭塞不通。在这种状况下,君子应该坚守正道,收敛锋芒,静待时机,顺势而为,一举

翻盘。

　　理性主义的土壤在中国从未匮乏,孔子说过:"克己复礼为仁",即认为只有"礼"才能约束人的行为,进而规范社会秩序,"礼"的功能作用,对内表现为诚其意,正其心,修其身,对外表现为齐其家、治其国、平天下。儒家认为,"礼"是治国之根本,做人之范式,犹如衡之于轻重,绳木之于曲直,规矩之于方圆。若没有礼,人将无度,国将不国,天下大乱。正所谓"人无礼则不生,事无礼则不成,国家无礼则不宁。"一言以蔽之,"礼"是理性的一种表现形式,对于个体和组织而言均不可或缺。道家的创始人老子说:"人法地,地法天,天法道,道法自然。"这里的所谓自然,即为自然界的固有秩序,道源于自然并遵循其固有秩序和内在规律,这种于宇宙中无处不在的道与西方斯多葛派所推崇的理性有异曲同工之妙。我们再把目光转向明朝,哲学家王阳明是一位极富传奇色彩的人物,初涉仕途的他,因得罪权贵,被贬至贵州龙场,还几乎在赴任路上客死他乡,在到达龙场后万念俱灰之际,忽然明心开悟,并创立了"知行合一"的理论,他认为,心性乃是人之根本。其理论对后世影响堪称深远,而且还走出国门,远播东亚,在日本明治维新之前,上至达官贵人,下至平民百姓,无不推崇其理论,并出现了几乎家家读其著作的现象,其理论高深而不失实用,他曾屡次统兵大破叛军,在平息内乱中立下汗马功劳,真正体现了"融道利器"之精要。《西游记》所展现的独树一帜的思想观点与当时风行于世的王阳明学说有着紧密的内在联系,孙悟空作为天生地养的一个人物,在精神上突破了重重社会羁绊,时刻表现出注重自主意识,强调个性差异,提倡独立思考等特质,充分折射出明代中叶个性解放和人本主义的思潮,这一社会思潮与当时资本主义萌芽的出现有着千丝万缕的关系,是一笔弥足珍贵的精神财富。

与理性主义相对应的思想流派是经验主义,两者最大的区别在于对逻辑推理作用的认识,理性主义视逻辑推理为知识的源泉和动力,经验主义则认为除了数学之外人类的知识都是通过经验总结得来的。同样的,在管理学领域也存在经验主义学派和理性主义学派两个大相径庭的管理学流派,经验主义学派以管理学家彼得·德鲁克的目标管理等一系列管理理论为代表,特点是注重实用性,强调绩效和执行,而理性主义学派则以赫伯特·西蒙的决策管理理论为代表,此理论以有限理性为核心,深入阐释了组织理性决策的内涵,并强调沟通的重要作用,赫伯特·西蒙也因对组织管理理论发展的重大贡献而于1978年被授予诺贝尔经济学奖,他也是历史上唯一一位以管理学背景问鼎该奖项的学者。应当说,经验主义管理学派和理性主义管理学派并不是对立相斥的,而是各有所长,难分伯仲。但是,在功利主义盛行的当今社会,经验主义管理学派却占有压倒性的优势,以至于理性主义管理学派显得曲高和寡,直接的后果是经济组织的发展扩张的速度和规模普遍惊人,但却往往在外力的作用下会如多米诺骨牌般轻易崩塌,全球金融危机下我国东南沿海的民营企业倒闭潮就是一个典型例证。因此,组织理性的建构成为了当前乃至未来几十年我们所必须面对的一个重大课题。

新四大发明

古老中国创造的指南针、造纸、火药、印刷术四大发明曾经改写世界历史。最近,北京外国语大学丝绸之路研究院发起了一次留学生民间调查,来自"一带一路"沿线20个国家的青年票选出了心目中的中国"新四大发明":高铁、支付宝、共享单车和网购。受访者纷纷表示,"新四大发明"是他们最想带回祖国的生活方式。

"新四大发明"都是时代感、科技感很强的产品与服务,散发着强烈的新经济、新生活的气息,实实在在地改变着中国人的生活,也改变着外国人对中国的印象。它们所代表的中国力量正在改变世界,就像中国古代四大发明曾对世界产生巨大影响一样。比如,我们最常用的支付宝,使移动支付的便捷性、开放性、公平性与可及性上升到前所未有的高度。"手机在手、天下我有",支付宝的普及使用给消费观念更新、商业模式创新乃至金融竞争格局重塑注入了强劲动力,打响了新经济时代的一场革命。正是在与中国的对比中,"出门带不带现金"的问题最近在日本引发了全民大讨论。

如今,科技更新迭代的速度越来越快,快到人们越来越容易"理所当然"地接受新事物,生活在悄无声息中改变。坐高铁出远门,刷淘宝买买买,用支付宝买单,骑摩拜上班或锻炼,放到以前是难以想象的"摩登生活",在当今中国却以横扫之势"飞入寻常百姓家",令一些发达国家都自叹弗如,中国也因此成了让不少外国人艳美的"别人家的祖国"。

中国人日常的摩登生活惊艳了世界,世界因"中国发明"而更美好，是科技创新对中国的激赏。也许有人说，"新四大发明"并非在中国"土生土长"，国外早已有之。其实，不论"新四大发明"出生何处，它们在中国得到了最好的发展，产生了巨大的社会效益，并转而去影响世界，这是不争的事实。套用软银创始人孙正义的"时间机器"理论来说，在中国试验成功的"新四大发明"，迟早会陆续被复制到其他国家。事实上，高铁、支付宝、共享单车和网购已经打破国界限制，进入越来越多的国家，为更多人带去更好的共享生态、消费体验以及更有魅力的生活方式。可以说，"新四大发明"是中国送给世界的一份超级大礼。[1]

二、管理4.0：组织理性管理时代

🍍 引经据典

易经·地天泰

泰。小往大来，吉亨。

初九：拔茅茹，以其汇。征吉。

九二：包荒，用冯河，不遐遗。朋亡，得尚于中行。

九三：无平不陂，无往不复。艰贞无咎。勿恤其孚，于食有福。

六四：翩翩，不富，以其邻。不戒以孚。

六五：帝乙归妹，以祉元吉。

上六：城复于隍。勿用师，自邑告命。贞吝。

泰卦下乾上坤。乾为天,此处代表的是阳气;坤为地,代表的是阴气。阳气上升而阴气下沉,两相交融而产生重大的变化,进而达到通达顺畅的状态。君子处于这种状况中,依然要坚守中道,本着低持不骄的心境,趋利避害,安心享受当下,但要密切留意身边情况的变化。

理论探微

身处工业4.0时代的我们该如何应对挑战呢? 是以不变应万变,继续坚持原来的管理模式,还是积极对以精细化管理为特征的管理3.0进行升级,以适应科技的发展呢? 答案显然是后者。换句话说,我们不能坐等胜利果实来砸中我们,而是应该跳起来摘到它。

改革开放以来,管理学的地位日益凸显,然而,"舶来"的管理模式未必契合我国的土壤和气候,一种深刻根植于中国传统文化的管理模式——中华管理学的重构势在必行,笔者几以一己之力,透过本书基本构建了以"敬天礼人,顺势善为,融道利器,尚简求精"为特质的中华管理学的理论体系,希望此书能为中华管理文化的复兴和世界经济的共融尽一份绵薄之力!

实战演练

三尺铜子,福泽四方

"青蒿一握,以水二升渍,绞取之,尽服之。"东晋名士葛洪在其传世之作《肘后备急方》中的一句对治疗疟疾方法的简练描述,竟然深深启迪了后世的屠呦呦教授,她凭借研发和应用抗疟奇

医圣张仲景像　摄于浙江丽水大众街侧

药——青蒿素而摘取了 2015 年度诺贝尔生理学或医学奖，这个奖项也成为中医药发展史上的一座里程碑。

事实上，与其说中医药是一门科学或技术，不如视其为一种文化和习俗。作为中华四大国粹之一，中医药蕴含着丰富而深刻的中国哲学思想，中医药体系分为中医理论和中药两个部分。中医理论最根本的思想是"天人合一"，即将人体视为一个"行走的小宇宙"，中医诊病高度重视自然环境变化对人体内环境的影响，如惊蛰时节是各种邪气和污浊滋生之时，此时人们就应当避免受到外邪侵袭，一旦肌体受邪气侵犯，则应当采取驱邪扶正之疗法；三伏天是阳气最盛之时，人体也同样处于阳气升发的状态，尤其是一些阴虚火旺体质人群症候更加明显，所以三伏清凉贴也就应运而生了；三九天时，自然界的阳气潜藏，人体内的阳气亦潜伏起来，人体的抵抗力也相应变弱，此时采用火灸疗法，就能有效地抬升人体的阳气，增强抵抗力。同时，中医蕴含着"相生相克"的思想，中医理论汲取了中国古代哲学中的五行学说，并且将其精髓发挥得淋漓尽致。在中医理论中，认为每个人都对应木、火、土、金、水中的一种特质，同时又将五脏和五行联系起来，具体而言是肝主木，心主火，脾主土，肺主金，肾主水，在诊病的时候将五行相生相克思想运用其中，常常能达到上佳效果；另外，中医诊治高度重视"辩证平衡"，在中医视野中，多为相对，鲜有绝对，忌讳"头痛医头，脚痛医脚"式的诊治理念，提倡阴阳平衡思想的运用，这与道家思想可谓是异曲同工，这也是历代道家中名医辈出的缘由吧。一言以蔽之，中医理论是具有深厚的理性积淀的，是开启理性管理时代的一把金钥匙。

在多元文化交融的当今世界，中医迈出国门的步伐前所未有地提速了，小小的针灸铜人也从街头巷尾的诊间药铺走向了世界各地的大雅之堂，为数不少的国家或地区已采取立法或成立专门政府管理机构的方式保护和支持中医药在本国发展，发挥其在保障服务国民健康中的作用，澳大利亚的维多利亚州于2000年5月通过了中医立法,承认中医师为合法医生,并且与西医在法律上地位平等;2012 年 7 月 1 日澳洲中医正式立法。新加坡的中医药有悠久历史和良好的群众基础,该国卫生部成立了中医药管理局,同时还成立了中医团体协调委员会。我国设置有隶属于国家卫生健康的国家中医药管理局,首部中医药领域的专门法律——《中医药法》也于 2017 年 7 月 1 日正式施行。在天时、地利、人和的大好环境下,中医药事业得到蓬勃发展,并且带动了大健康产业的稳步增长。

三、中华管理学与中华经济学的复兴

引经据典

史记 · 货殖列传

故岁在金,穰;水,毁;木,饥;火,旱。旱则资舟,水则资车,物之理也。六岁旱,十二岁一大饥。夫粜,二十病农,九十病末。末病则财不出,农病则草不辟矣。上不过八十,下不减三十,则农末俱利,平粜齐物,关市不乏,治国之道也。

所以,岁在金时,就丰收;岁在水时,就歉收;岁在木时,就饥馑;岁在火时,就干旱。旱时,就要备船以待涝;涝时,就要备车以待旱,这样做符合事物发展的规律。一般来说,六年一丰收,六年一干旱,十二年有一次大饥荒。出售粮食,每斗价格二十钱,农民会受损害,每斗价格九十钱,商人要受损失。商人受损失,钱财就不能流通到社会;农民受损害,田地就要荒芜。每斗粮价价格最高不超过八十钱,最低不少于三十钱,那么农民和商人都能得利,粮食平价出售,以平抑调整其他物价,关卡税收和市场供应都不缺乏,这是治国之道。

理论探微

五行思想是中华治理文化的核心,不仅能够运用于管理学领域,而且还能在经济学领域发挥独到的作用。按照西方经济学原理,现有的市场结构分为完全竞争市场结构、垄断市场结构、垄断竞争市场结构和寡头市场结构,这四种市场结构各自具备典型特征:完全竞争市场的特征是市场上有许多买者和卖者、各个卖者提供的物品大体上是相同的、企业可以自由地进入或退出市场;垄断市场结构形成的根本原因是市场壁垒的设置,垄断企业能在市场上保持唯一卖者的地位,其他企业不能进入市场并与之竞争,在这种市场结构中生产所需的关键资源由单个企业所拥有、政府给予单个企业排他性地生产某种物品或劳务的特权、某个企业能以低于大量生产者的成本生产产品;垄断竞争市场结构属于不完全竞争市场的一种类型,指的是一个有许多出售相似但不相同产品的企业的市场结构,在这种情形中,看不见的手并不能确保总剩余最大化,因此会在一定程度上造成社会生产的无效率,但由于这种无效率是模糊的,很难量化的,因此这种状况也很难得到有效改善;不完全竞争市场另一种类型是寡头市场结构,这是一种只有少数几个卖者的市场,每个卖者都提供与其他企业相似或相同的产品，寡头企业以一种不同于竞争企业的方式相互依存。

按照五行思想分析，这四种市场结构分别是火、金、土和木的属性，五行独缺水，在工业4.0时代，在管理4.0大门已经开启的今天，经济学领域中的一种与之相适应的市场结构理论的提出势在必行，这就是由笔者首创的均势竞争市场结构理论。**均势竞争市场结构有两大重要特征：一是经济组织对各类商业信息拥有均等的享有权；二是市场交易在高度法治化状态之下进行。**

实战演练

《论语》与"孔方兄"

2017年发生了一件对于中华文化的复兴具有里程碑式意义的大事，那就是在南昌西汉海昏侯刘贺墓的考古发掘过程中出土了《齐论语》，在这本堪称无价之宝的典籍中就载有失传已逾2 000年的《知道篇》和《问王篇》，在本书的扉页上"此道之美也，莫之御也。"即出自此书的《知道篇》。这本如石破天惊般重见天日的典籍给我们所有炎黄子孙带来了一份莫大的福祉，想象一下，从儒家思想被确立为中国主流学术和治理思想的汉武大帝时代以来直至这本典籍的重新出现，如恒河沙数般的历代帝王将相和大儒学者中竟然没有一个人读过完整的《论语》！

时代产物：儒家思想的崛起

汉代以前，孔子及其创立的儒家学说，只不过是诸子百家中的一家，在300多年间虽然产生很大影响，但并没有占据思想文化的统治地位。到了汉武帝时期，随着国家疆域的开拓、民族的融合、经济的恢复与发展，急需有个统一的思想文化。这一点与秦始皇统一中国后所面临的基本形势差不多。但汉武帝吸取了秦始皇"焚书坑儒"的教训，采纳了董仲舒的建议："臣愚以为诸不在六艺之科孔子之术者，皆绝其道，勿使并进。邪辟之说灭息，然后统纪可一而法度可明，民知所从矣。"他决心"罢黜百家，独尊儒术"。

汉武帝推行的这一套"罢黜百家，独尊儒术"的政策，在儒学发展史上具有划时代的意义，不仅使儒学成为此后两千多年来的官方指导思想，也对中国封建社会的历史发展进程产生了极其重要的影响。

经世致用：孔子的管理思想

孔子创立的儒家思想，能够从诸子百家之中脱颖而出，被尊崇为封建时代的正统思想，自然有其独到之处，就孔子本人而言，他的思想当中蕴含着超越历史局限，并对当今经济社会发展有着指导性意义的伟大智慧，具体而言有以下三大方面：

一是孔子的全民学习思想。"学而时习之，不亦乐乎"(《论语·学而》)，从字面理解，这是教导学子时常温故知新的劝学之句。但孔子所要传递的深意仅仅限于此吗？要理解圣人穿透千年的深邃智慧，我们就要抛开这句话所受到的时空束缚，将之应用于当代甚至未来社会，事实上，孔子这句话蕴含的深意在于：学习，乃至终身学习，会成为人们的一种乐事，并将成为一种普遍社会现象。美国管理学家彼得·圣吉结合空气动力学原理所提出的学习型组织思想，与孔子的全民学习思想可谓是殊途同归，都共同指向了知识经济时代组织和组织成员终身学习的大趋势。

二是孔子的管理责任思想。美国管理学家彼得·德鲁克认为：日本"经营四圣"之一涩泽荣一是世界上第一个看清经营的本质在"责任"的人。孔子是涩泽荣一生平最为推崇的先哲，他甚至专门写了一本将孔子的《论语》中的思想精髓与经营管理相结合的书——《当论语遇上算盘》。

孔子既不推崇组织中的"独狼"，又对组织中的"小白兔"嗤之以鼻，孔子的组织管理思想强调的是各司其职，各履其责，这也是儒家中庸之道的体现。子曰"暴虎冯河，死而不悔者，吾不与也。必也临事而惧，好谋而成者也。"可见，孔子对于逞一时匹夫之勇的人是敬而远之的，这种人就类似于组织中的"独狼"，即使个人能力很强，也缺乏团队协作精神。（《论语·述而篇》）子曰："孟之反不伐，奔而殿，将入门，策其马，曰：'非敢后也，马不进也。'"在这里，孔子对于孟之显然是褒奖的，他负责殿后，不仅完成任务还不居功自傲，表示只是做了份内之事，他的做法比较符合孔子的管理责任思想。

三是孔子的刚柔并济思想。孔子对《周易》进行了重新编订，后人将《易经》尊为儒家经典五经之首。精通易理的孔子注重阴阳思想在管理中的应用，这是一种既区别于道家柔性管理，又不同于法家刚性管理的刚柔并济的管理思想。

孔子生活的年代，在经济上，统治者大量兼并土地，征用劳动力，广大民众困苦不堪，孔子主张建立一种制度，这是一种礼法并行的社会治理制度。

孔子认为，礼与法都是治理国家的手段。所谓礼，就是人们应该遵守的道德规范，刑法实际上是对礼治的一种补充。如果有人破坏道德规范，就要加以惩罚。礼治是通过教育、正面引导而防患于未然，法治则是救患于已然，通过惩罚，用威慑方式使民众有所畏惧而不敢犯罪。推行礼治，是为了从根本上防止人们犯罪，法治则是遏止更多的人违法乱纪。

我们有句耳熟能详的成语叫"先礼后兵"，其实这也是刚柔并济思想的一种运用。反映在当代中国的外交政策中，我国奉行的是睦邻友好的政策，但当我国的核心利益遭到侵犯时，也会当机立断地"亮剑"。如2018年年初中美之间爆发的"贸易大战"，我国可谓是做到了仁至义尽，但美国依然一意孤行搞单边主义，设置了诸多贸易壁垒，我国就只能还以颜色了。

历久弥新：孔子学院与华文教育

当有人问国学大学南怀瑾：您为弘扬中华传统文化所作的最大贡献是什么？他一针见血地指出自己"打通了庙堂与江湖"。的确，提到一个国家或民族的文化，往往给人一种沉重如山的感觉，但谈到世界各国的语言和习俗，话题顿时就会变得轻松许多。语言是文化的绝佳载体，当大英帝国的坚船利炮在世界各地摧城拔寨时，能说一口带着浓重伦敦腔的英式英语成为各国统治阶级和达官贵人身份的标志，"约翰牛"将接力棒交给"山姆大叔"之后，带着太平洋东海岸气息的轻快如风的美式英语又在世界各地引发了热潮，甚至还衍生出连美国人也自叹弗如的"Long time no see"等金句。

风水轮流转，当古老而文明的中国重新在世界上发出最强音的时代来临之时，汉语这一世界上使用人口最多的语言成为了世界人民竞相追逐的对象。在德国，汉语已成为"关键"外语，会华文的大学毕业生无不在履历表上强调这项长处，并确实能在找工作时得到加分。在英国，华文市场的增长率高达 38%，位于东索赛克斯郡的顶尖学府布莱顿公学甚至在 2006 年就把华文列为必修课。截至 2009 年，法国选修华文的学生数量跃至 25 675 人，相比 2004 年增加了将近 3 倍，法国开设华文课的小学已有 20 所，中学则高达 433 所。在柏林召开的欧洲华人华侨社团联合会第 15 届代表大会上公布的调研报告显示：目前，在欧洲的华侨、华人总人数约有 250 万人，侨团组织有 800 多个，中餐馆有 4.3 万多家，华文报纸杂志社有 101 家，中文学校有 340 所，就读的华人子弟有 5.5 万多人。[2]

笔者曾在温州大学华文教育基地教授对外汉语课程，我任教的班级是一个国际小班，班上有 3 名南非学生，3 名日本学生，1 名伊朗学生，1 名西班牙学生和 1 名华裔意大利学生。南非学生是温州医科大学的留学生，日本学生是日本石卷专修学校的交换生，伊朗学生在温州乐清从事汽摩配行业工作，西班牙女生是跟随她母亲一起来华专门学习汉语的（其母亲在另外一个班级），华裔意大利董姓学生从小就在意大利帮助父母打理皮包生意，从未正式上过学的他直到快成年才回家乡温州来读书，可以说我是他的启蒙老师。我给他们上的课程名称是《汉语听说》，平心而论，表现最好的是 3 名日本学生，这是我不带任何民族感情而只根据实际情况得出的结论,第一次上课他们3人就都带来了精巧的电子词典,上课时候也是低眉顺眼的样子,从不吵闹喧哗,提问的时候很礼貌,与他们形成鲜明对比的是伊朗学生,他总喜欢在课堂上就一些小问题和我争辩,甚至一次还提出要"和我谈谈",原因是我的语速太快他跟不上!这样的学生只能让老师哭笑不得。3名南非学生话也不多,照理说他们都是生长在以英语为母语的国度,在我三分之二英文加三分之一中文的授课模式下应当是如鱼得水,但事实却大相径庭,他们的课堂表现很一般,唯一1名没有通过这门课程考试的也是这3名学生之一,原因是他在考试前一天吃坏了肚子,上吐下泻的他放弃了考试,本来我还想给他补考机会,但是他自知平时逃课太多,即使补考勉强及格也难免受平时表现影响,所以破罐子破摔地干脆放弃了,他对我说了一句让我难以忘怀的话:老师,如果不是因为曼德拉,我根本不可能有机会坐在这里听课。相信这是发自他肺腑的话,这也增加了他在我心目当中的印象分。西班牙女生和华裔意大利男生都属于典型的乖孩子类型,常带着些许羞涩,做情景会话的时候俩人总是作搭档,难道西班牙文化和意大利文化之间有共通之处?上课过程当中,最让我使尽浑身解数的是解释老子的"道",中文英文的各种解释都用遍了,9双颜色各异的眼睛还是直勾勾地盯着我,一头雾水的模样让我无可奈何,最后我经过一夜苦思冥想,第二天拿了一个桃子和三个苹果当教具,道的音译是"Tao",和桃的发音很接近,代表东方文化的精髓,这和西方人最为耳熟能详的三个苹果的典故形成了文化的碰撞,学生们终于恍然大悟,我也如释重负,这个教学过程中的小插曲也成为激发我写出上一部作品《桃子管理》的灵感。我想,对于中华传统文化的热爱是让我们聚在一起的原因吧，教完这门课程之后我就不再给他们授课，以后再也没有见过面，但是我留了他们每个人的电邮地址，希望有一天能在异国和他们不期而遇，或许他们的中文已经说得比我还溜了。

就像我教的那位意大利华裔董姓学生一样，当今世界存在着大量生长在国外的华人，他们通常被称为"香蕉人"，因为他们虽然是黑头发黄皮肤，但自小深受外国文化、教育的熏陶和影响，所以对中华传统文化充满陌生，也不会读写华文。与之相对，"凤梨人"具备内外皆黄的特征，是指本是炎黄子孙，后天也受中华传统文化潜移默化影响的华人。外因通过内因起作用，"香蕉人"要转化为"凤梨人"，首先当然是其主观上有这个意愿，其次再通过持续地接受中华传统文化教育，最终才能完成蜕变，这也是我写这本书的意义之一吧。

参考文献

[1] 姚龙华."新四大发明"是中国给世界的超级大礼[N]. 深圳特区报，2017-05-12.

[2] 严晓鹏，包含丽，郑婷等.温州人经济研究丛书，意大利华文教育研究——以旅意温州人创办的华文学校为例[M]. 杭州：浙江大学出版社，2015.

　　我对法国文学情有独钟,在高中时期,我利用课余时间通读了巴尔扎克的传世之作《人间喜剧》,我深为该系列作品所描绘的波澜壮阔的历史画卷所吸引和折服,在作者刻画的众多人物之中,贵族青年法学毕业生拉斯蒂涅给我留下了难以磨灭的印象,在《人间喜剧》的序幕《高老头》里,来自外省的出身没落贵族的青年拉斯蒂涅赴巴黎学习法律,初衷是当一名清廉正直的法官,然而却被巴黎的灯红酒绿迷了双眼,一文不名的他立志跻身巴黎上流社会,社会这本巨型的教科书也不折不扣地教育了他,几经挫折,受尽歧视,凭借家族世袭的贵族姓氏、潇洒的外貌以及向上爬的野心,并且在远房表姐巴黎交际花鲍赛昂子爵夫人的鼓励点拨、好心邻居落魄面粉商高里奥老头的帮衬支持以及狡诈市侩的匿身在逃犯伏脱冷的唆使劝诱之下,他终于蜕变得"像鳗鱼一样灵活",并且"像一颗炮弹一般"轰进了巴黎上流社会。然而,尽管身陷染缸,他的良知和道德并没有彻底被腐化侵蚀,改造社会的理想也尚未完全泯灭,他是法国大革命后复辟时期的资产阶级贵族青年的典型代表。

　　拉斯蒂涅的故事只算是一个引子,我更想谈的是我所熟知的另外三位法学毕业生,他们就是哥白尼、笛卡尔和拉瓦锡,他们为世人所熟知的身份分别是日心说提出者、解析几何创立者和近代化学奠基人。

哥白尼是自然科学发展史上一位举足轻重的人物，他提出的日心说将人类从中世纪的蒙昧中解放出来，为现代天文学的发展奠定了基础。哥白尼的一生看似平淡却充满传奇，他在青年时代远赴意大利费拉拉大学等名校求学，并取得了宗教法学博士学位，学成归国后他在舅父的帮扶下取得了弗龙堡教堂的修士一职，在完成教堂里的日常事务之外，他对天文学的兴趣与日俱增，并购买了教堂内的剑楼作为居所和观天台，在弗龙堡的 30 年间，凭借着深厚的自然法学功底和对天文学的热爱，在简陋的自制仪器设备的辅助下，他主要用裸眼来观测天体运行、构建复杂模型，并写下了不朽的天文学著作《天体运行论》，在他弥留之际，这本书终于在友人的帮助下付梓出版，然而哥白尼只是用手轻抚书本的封面，没有翻开书页就骇然长逝。他的学术思想为后世学人所推崇传播，布鲁诺甚至为了宣扬他的学说而付出了生命的代价。2010 年 5 月 22 日，弗龙堡教堂为哥白尼举办了隆重的重新下葬仪式，用这种方式来纪念这位科学巨匠。

笛卡尔是法国著名哲学家、数学家、物理学家、生理学家，解析几何创立者，欧陆理性主义奠基人，笛卡尔创立的解析几何是微积分的基础，牛顿曾说过自己能取得自然科学上的研究成果是因为"站在巨人的肩膀上"。笛卡尔青年时期求学于法国普瓦捷大学，主修法律和医学，毕业后他立志"读读社会这本大书，"他在一段并不算短的时期内拥有一个身份——荷兰、巴伐利亚军队的军士，之后他在当时思想相对自由的荷兰居住了将近 20 年，并取得了一系列重要学术成果，直到晚年他才开始从事私人教师工作。传说笛卡尔在担任瑞典皇室教师期间对瑞典女王储克里斯蒂娜心生爱慕，感情溢于言表的他写下了著名的心形曲线公式 $r = a(1 - \sin\theta)$，天资聪颖的克里斯蒂娜据此画出了美丽的心形线，虽然这只是一个无法考证的美好故事，但心形曲线确为笛卡尔所创，这位浪漫的天才赋予心形曲线的深远意蕴引发了后人的无尽思索，或许他想透过此表达这样一层含义——人与人之间只有心灵的沟通才是最真挚的交流。后来，笛卡尔因耐受不了北欧的严寒而患上肺炎，最终长眠在这片"熊、冰雪与岩石的土地上"。

拉瓦锡的经历则颇有悲情色彩，他一生基本都在浪漫之都——巴黎度过，毕业于巴黎大学法律专业的拥有一份税务官的美差，是不折不扣的上流社会的一员，上天赐予了他一个聪明绝顶的脑袋和一颗不安分的心，并使这名法律高材生剑走偏锋地成为了近代化学的奠基人。在拉瓦锡所处的 18 世纪中叶，化学尚处于谬误理论的统治下，当时流行的"燃素说"认为：在可燃物质中存在着一种称为"燃素"的物质。拉瓦锡的伟大贡献在于，他建立了统一科学的化学理论体系，使化学步入正确的发展轨道，他首先否定了"燃素说"，准确表述了燃烧理论；其次，他论证了空气是由氧气和氮气组成，水是氢和氧的化合物；此外，他还初步列出了化学元素，规范了化学方程式。然而，命运和这位天才开了个玩笑，1789年法国大革命后，因为早期在学术上和拉瓦锡有分歧而对他怀恨在心的马拉医生对他进行诬告，拉瓦锡因此入狱并最终被推上了断头台，著名的数学家拉格朗日痛心地说："他们可以在一瞬间把他的头割下，而他那样的头脑也许一百年也长不出一个来。"拉瓦锡为世人所津津乐道的除了他的学术成就之外还有他和妻子玛丽的爱情故事。

一种新的理论的诞生过程必然是曲折的，而理论创新者则需要巨大的勇气和不懈的努力，在这艰难的探索过程中他们需要默默承受的是生活的凄苦、世人的冷漠和病痛的折磨等等，然而他们视自己的研究事业为天赋使命，直到生命终止前都会孜孜不倦地负重前行，这些杰出人物的贡献在一定程度上推动了人类文明的发展演进。

正是在我的学术启蒙老师——厦门大学南海研究院博导钭晓东教授所说的"真正的学者的裤腿上一定常粘着泥巴"，这句金玉良言的激励下，亦是满怀着对我在温州大学从事教科研工作期间，校、院领导与老师同学们对我的帮助和关心的感激，我下决心用创新性的学术科研成果来回应大家的期许。为了写这本书，我用 5 年的时间深入开展实证性研究，常有一种自己是一匹在荒漠中负重前行寻找绿洲的骆驼之感，中西方先哲们执著追索真理的精神一直在激励着我坚持把这本书完成。**在这部作品中，我完整地构建了管理 4.0 模型和理论，基本构建了中华管理学理论体系，初步提出了中华法理学理念和中华经济学范畴的均势竞争市场结构理论，**诚然，这些理论还有待成熟完善，我最大的心愿是经济管理学研究者们和一线经营管理者们能真正深入学习我的这本书，并且将其中的理论付诸实践。

让我们携手共迎管理 4.0 和中华管理时代的到来！

戊戌年端午

金华山麓玉壶街